エネルギーの流れをよくすればすべてがうまくいく！

お金が増えすぎちゃう本

キャメレオン竹田

日本文芸社

はじめに　金運をよくするには？

こんにちは。キャメレオン竹田です。

はじめに、みなさんにお伝えしておきたいことがあります。

じつは……、**この本を読んだり眺めたりしているだけで、金運がぐんぐん上がってしまうんです。**ですので、金運を上げたくない方は、ご注意ください。

さて、みなさんもご存知の通りではございますが、お金は、

「エネルギー」

なんですね。

お金は、何かをしたりされたりしたときの〝**対価**〟や、何かをゲットするために〝**交換するもの**〟というイメージを持たれている方も多いと思います。

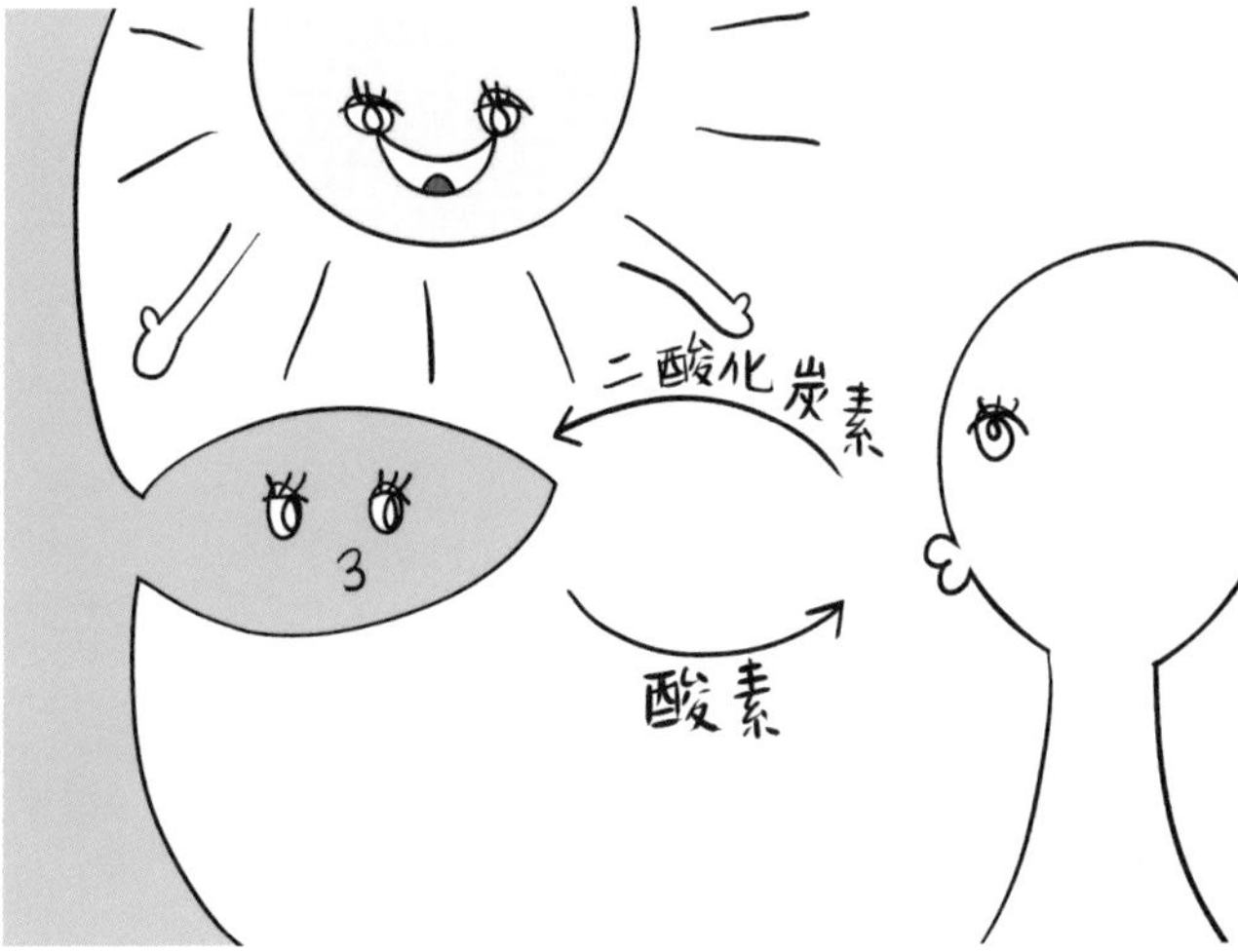

でも、何かをするのもされるのも、何かモノを作るのも作ってもらうのも、すべてエネルギーを使っていますよね。

何かをしっぱなしでもされっぱなしでも、何かモノを作りっぱなしでも、エネルギーは一方通行になってしまい、よい循環は生まれません。

流して、受け取って、受け取った代わりに何かを渡す。

これは、まるで人間が二酸化炭素を吐いて、植物がその二酸化炭素を吸って、光合成をして、酸素を人間に提供する――この自然の流れと同じです。

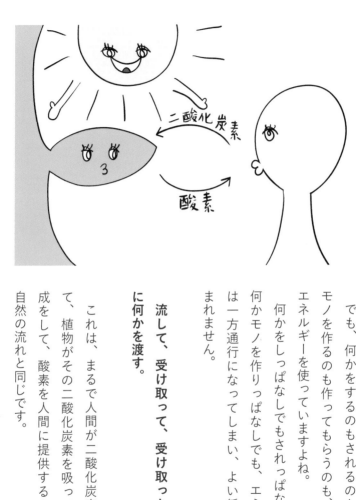

これが基本であり、すべてがこれに基づいています。
お金も同じで、スムーズに循環していれば、社会や経済も健康的になりますし、私たちも、欲しいときに欲しいだけのお金が流れてくるようになり、がっつり独り占めをしなくても、いつも心地よくお金と仲よく生きていくことができます。

すなわち、**エネルギーの流れをよくすることで、お金の巡りもよくなっていくのです。**
そして、すべてのことはリンクしています。

お金とは、一見まったく関係ないように思えることでも、流れが滞《とどこお》っている部分があれ

ば、改善しておくことで、不思議と金運もよくなるんですね。
それどころか、仕事運、恋愛運、結婚運、人間関係運、健康運……と、すべてよくなっていきます。

ということで、本書では、さまざまな流れをよくする方法をご紹介していきます。
金運上昇を目的としているつもりでも、いつの間にか、あらゆる運が上昇していってしまうという、すごい内容となっております。

覚悟しておいてください。

でも、とっても簡単ですので、ぜひ今日から始めてみてください。

あなたのあらゆる運が劇的に変わっていくはずですからね！

キャメレオン竹田

CONTENTS

第2章 金運がぐんぐん上がる魔法のワーク8選

第3章

CHAPTER 1

第1章

お金が増えちゃう8の法則

この章では、普段から心がけて行なっておくと、
どんどんお金が増えちゃう方法をご紹介していきます。
「エネルギーの流れをよくすることで、お金の巡りも
よくなっていく」とお伝えしましたが、すべてのことは
リンクしているので、金運が上がるだけでなく、
仕事運や恋愛運、人間関係運なども
アップしちゃうというミラクルが起こります。
いますぐにでも始められるような簡単なものばかり
なので、だまされたと思ってぜひやってみてください。

1 〝中〟をキレイにする

金運をよくするには、「中《なか》」をキレイにしてください！

と言っても、「何の中？」という質問が返ってきそうですね。

答えは……いろんなものの中です（笑）。

大まかなところで言えば、家の中！　そして、バッグ、ポーチ、コスメ入れ、引き出し、お財布、スマートフォンやパソコン、薬箱、本棚、冷蔵庫、洗濯機、排水口と換気扇、エアコン、靴箱、クローゼット、キッチン棚、食器棚、物置き・納戸、紙袋や箱類、接続ケーブル・延長コード……そして、あなたの体の中。

いらないもの、使っていないもの、ワクワクしないものは、上手に手放すと、よりレベルが上がったものが思わぬ方向から入ってくるんですね。

例えば、ずっと着ていない服を手放した途端に、どこからともなく、臨時でお金が入ってくることだって、普通にあります。

何かを諦《あきら》めると、「叶《かな》った！」という話ってよくありますよね。あれも、「執着」を手放したから、よりレベルアップすることがやってきたんです。

いつまでもあなたの手もとに置いておくよりも、流れをよくして循環させたほうが、よりあなたにとっての素敵なモノやコト、状況、そしてヒトがやってきますからね！

あなたのすべての流れをよくするために勇気を出して♡

逆に、ちゃんと活用するものや好きなものだけに囲まれていると、**そのいい波動はあなたを取り巻くすべてのものに広がるので、あなたの世界は、好きなコト、モノ、ヒトだらけになっていく**んです。
これ、すごく重要なポイントですからね！
いつも心にとめておいてくださいね！

いつもはないがしろにしているけれど……、手放すのはもったいない。
いつもはどこにあるのかもわからないけれど……、いつか使うかもしれない。
それ、本当に必要ですか？
そのぶんの家賃を払っているのは、あなたですよ!?

重要なポイントとしましては、いま使っていないことを前提として、**すごく手放したくないものほど手放すと、あなたの金運を含め、運全体の流れが急激によくなります。**

例えば、メルカリやラクマ、ヤフオクなどを活用し、不要なものを手放してみてください。どんどん流れがよくなるはずですよ。

「え!? メルカリ? そういうの、逆に面倒くさそう……」

なんて思った、そこのあなた!!!

それは、食わず嫌いと一緒です。意外と、ものすごく簡単にできるんです!

私もこの間、フリマアプリを初めて活用してみましたが、こちらの住所を相手に知られずに、また相手の住所を知らないまま、宅配業者の人に荷物をピックアップしに来てもらって、ノンストレスのトントン拍子で売ることができました。

ですので、だまされたと思って、ぜひ試しにやってみてください。ちなみに、私はフリマアプリの回し者ではありません（笑）。

もちろん、そのようなものを活用せずに、普段通りゴミ袋に入れて廃棄《はいき》するのでもいいでしょう。

ただし、同じ「手放す」のであれば、友人や知り合いに譲《ゆず》ったり、リサイクルを活用したり、寄付したりして、自然にやさしい方法で行なうと、さらに流れはよくなります。


また、ごちゃごちゃしていないこともポイントです。

何度も言いますが、すべてはリンクしていますから、何かがごちゃごちゃしていると、必ずほかのどこかもごちゃごちゃします。

ものがごちゃごちゃしていると、人間関係もごちゃごちゃするといった具合です。

今からハサミの居場所をつきとめにいきます。

秒でみつかる!!

なので、スッキリ、さっぱり、しっくり！

そして、どこに何があるのか、どこにしまったのかなど、きちんと整理整頓をしてもののありかを明確にしておくといいですよ。

体の不調もよくなりますからね♡

〝中をキレイにする〟って、すごいでしょ！

ここからは、もう少し具体的に説明していきましょう。

●バッグ、ポーチ

いま、あなたのバッグやポーチの中には、何が入っていますか？

道端でもらったティッシュ、アメやガムなどのお菓子類、ペンやメモ帳、携帯電話などの電子機器類の充電器……。

それはすべて必要なものでしょうか？

私がよく行なっているのは、とにかくいったん全部出す!!! という技です（笑）。いちど全部出して、いるもの・いらないものを識別していきます。それがいちばん早いですし、見落としがありません。

毎日帰宅してからするといった感じで習慣化できればベストですが、難しい人は2〜3日おきでもいいでしょう。バッグやポーチの中はもちろん、頭も心もスッキリするはず！

●コスメ入れ

コスメもいちど、化粧箱や引き出し、化粧ポーチから全部出してみましょう。

そのパウダー、何年前に買ったものですか？
そのリップはいま使っていますか？
そのコンシーラー、10年前のものでは？
そのネイルの色、本当に気に入っていますか？
その香水、いつゲットしたものですか？

そのように、アイテム一つひとつに問いかけてみると、選別しやすくなります。
ぜひ問いかけてみてください。

●引き出し

同じようなボールペンがたくさんありませんか？
フタがなくて書けないペンはありませんか？
ハサミがやたら多くありませんか？
釘とか、錆《さ》びたカッターはありませんか？

シャーペンの芯やホチキスの芯が散らばっていたりしませんか？

やたらクリップが散らばっていたり、輪ゴムが転がっていたり、なぜかアメが一粒入っていたり……していませんか？


引き出しって、つい「ポイッ」っていろいろなものを入れてしまいがちな場所ですよね。

そのため、日ごろからキレイにするように意識しましょう！

また、文房具類は比較的価格が低めなので、雑に扱いがちですが、一つひとつ大切に使うと、いい流れを引き寄せることにつながります。

●お財布

ポイントカードって、ポイントを貯めるのは楽しいし、貯まればお得なサービスを受けられていいですよね。でも、貯まらないまま期限が過ぎてしまった……という人も少なくないのではないでしょうか。

なので、よく行くお店でなければ、作らなくていいでしょう。

お店によってはポイントカードを預かってくれるところもありますし、アプリで管理できるところもありますよ！　なるべくムダに持たないのが◎です。

つい溜《た》めがちなレシートや領収書は、その日のうちに整理整頓を。

ほかにも、お札の向きを揃《そろ》えて入れるのも金運アップのポイントです。

●スマートフォンやパソコン

パソコンのデスクトップにファイルがたくさん散らばっていませんか？　不要なメールは溜まっていませんか？

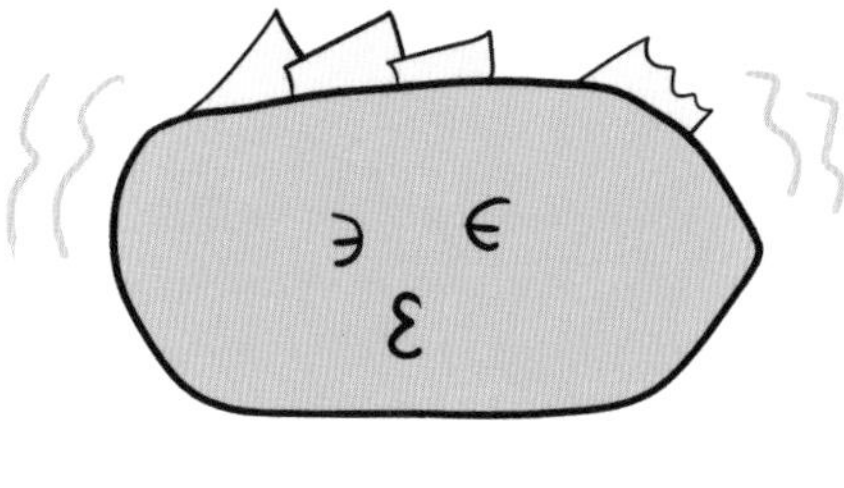

スマートフォンも、使っていないアプリを多数インストールしていませんか？
カバーやケースが割れていたり、ヒビが入っていたり、汚れていたりしませんか？
連絡先に、引っ越す前の自宅近くにあったお店の電話番号が残っていませんか？
LINEの「友だち」に、もう友だちではない人が登録されていませんか？

●薬箱

使用期限が切れた薬はありませんか？
同じような風邪薬や塗り薬がいくつもありませんか？
古くなった包帯や絆創膏《ばんそうこう》があったりしませんか？
ハサミやピンセットが複数ありませんか？

薬類は、主に健康運に影響するので注意して！

●本棚

読まないのに置いてある本や雑誌って結構あるものです。

パラパラパラっとめくって、「おおお！　読みたい！」と思わなければ、手放しましょう。

また読みたくなったら買えばいいのですから！

いまは電子書籍もあります。図書館でも借りられますしね！

●冷蔵庫

冷凍食品とか、賞味期限が切れた調味料とか、生鮮食品じゃないからといってつい油断してしまいがちなものは入っていませんか？

焼肉のタレ、ワサビのチューブ、ジャム……など、いますぐ、

チェ〜〜〜〜ック!!!

どこに何が入っているのか、扉を開けなくてもわかるくらいにしておきましょう！

「あれ？　あったかな？」と思って、冷蔵庫の中にあるものを、また買ってきてしまうという失敗もしなくなります。

●洗濯機

洗濯物を洗うだけでなく、洗濯機の中もたまにチェックしてください。

糸くずフィルターの中に、繊維などのくずが入っていたり、洗濯槽の裏側にも汚れやカビが付着していることもあります。

また、給水ホースの接続部分やふたのくぼみ部分、排水ホースの凹凸の間などにホコリが溜まりやすいので、ときどきチェックしてみてください。


物をキレイに洗う場所が汚れていては、元も子もありませんからね！

●排水口と換気扇、エアコン

玄関もそうですが（35ページ参照）、家の出入口となる部分は、とくにキレイにして、空気や水などの流れをよくしておくことが重要です。

キッチンやバスルームなどの排水口は、ヘドロが溜まらないように、こまめに取っておいてくださいね。

キッチンやバスルームの換気扇、エアコン、トイレの通気口なども要チェック！

●靴箱

履《は》いていない靴はありませんか？

修理しようと思いながら、そのままにしている靴はありませんか？

気に入っているけど、もう何年も履いていない靴はありませんか？

その靴……、靴ズレして痛いけど、また履く勇気はありますか？

そのサンダルは、本当に必要ですか？

そのブーツ、場所だけ占領していませんか？

一生懸命働いてくれた靴をそのまま放置するのはやめましょう。靴に限らず、ものは大切に扱われると波動がよくなります。

●クローゼット

クローゼットや洋服ダンスの中を見てみてください。
同じような服が何着もありませんか？
その服、毎回、着るのを避けていませんか？

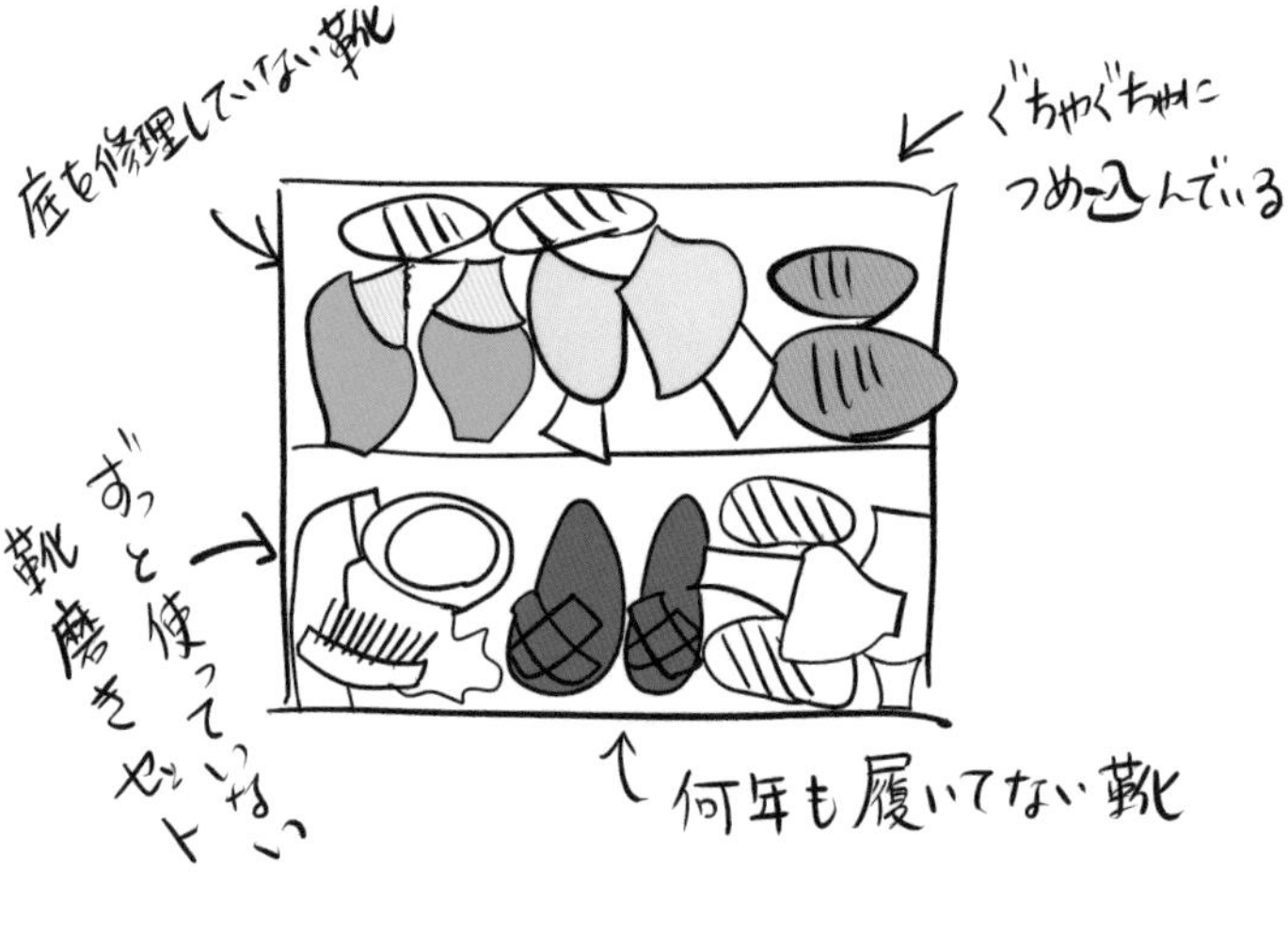

落ちていないシミが付いていて、着る気がないのにそのままハンガーにかかっていませんか？

ボタンが取れたままになっていませんか？

その服、何年前に買ったものですか？

その服、高かったから……と、着ないのにずっと持っていませんか？

靴下、多すぎじゃない？？？

そのストッキング、昔っからあるよね⁉

ヨレヨレの下着が入っていませんか？

それ、いつの勝負下着でしょうか？（笑）

以上のようなことを、1着1着に語りかけてみましょう。

そして、いならいと思ったら、先に申しました通り、フリマアプリを使うなどして売るか、友だちや知り合いにあげるか、あるいは、サクッとごみ箱へ入れるなどして手放しましょう！

ストッキングなどは、掃除アイテムとしても使えますよ！

●キッチン棚

使っていない鍋《なべ》やザルはありませんか？
フライパン、そんなにたくさんいる？
そのミキサーって、ヴィンテージでしょうか？
コーヒーメーカー、いつ掃除しましたか？
フードプロセッサー、使ってる？

そのときは便利だと思ったり、必要だと思ったりして買っても、意外と使っていないものがあるかもしれませんよ。

●食器棚

引き出物にいただいたお皿のセット！　使っていますか？
奥のほうで爆睡している食器はありませんか？

お箸《はし》が奇数になっていませんか？

割り箸、多すぎじゃない？


キッチン周りは、金運や家族運を左右しやすい場所。ですので、キッチン棚とともに、つねにキレイにしておくといいです。

とくに、ヒビが入ったお皿やコップは手放すことをオススメします。

食器は、生きるのに必要な「食べ物」を乗せ、さらにその食べ物は体の中に取り込まれるので、キレイでないといい気の流れが入ってきません。

なので、ヒビが入ったり欠けたりしている食器ではなく、キレイなものを使うようにしましょう。

●物置き・納戸

その工具いつ使うの？
そのお掃除用具はちゃんと使っていますか？
そんなにたくさんストックいる？
その電池……使ったやつ？　使っていないやつ？

●紙袋や箱類

それ、いつ使うの？
カワイイから……と思って溜め込みがちなショッピングバッグや空箱。

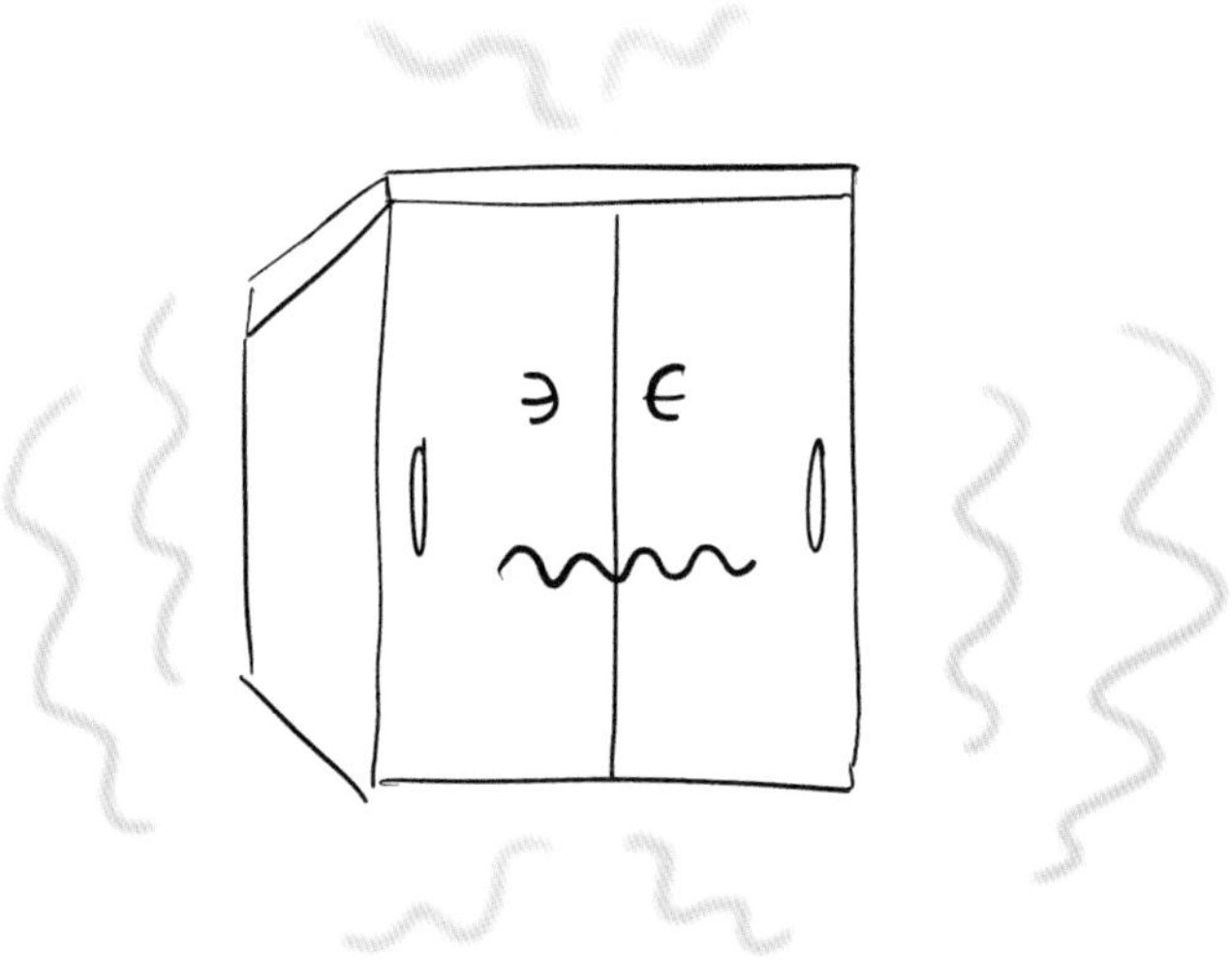

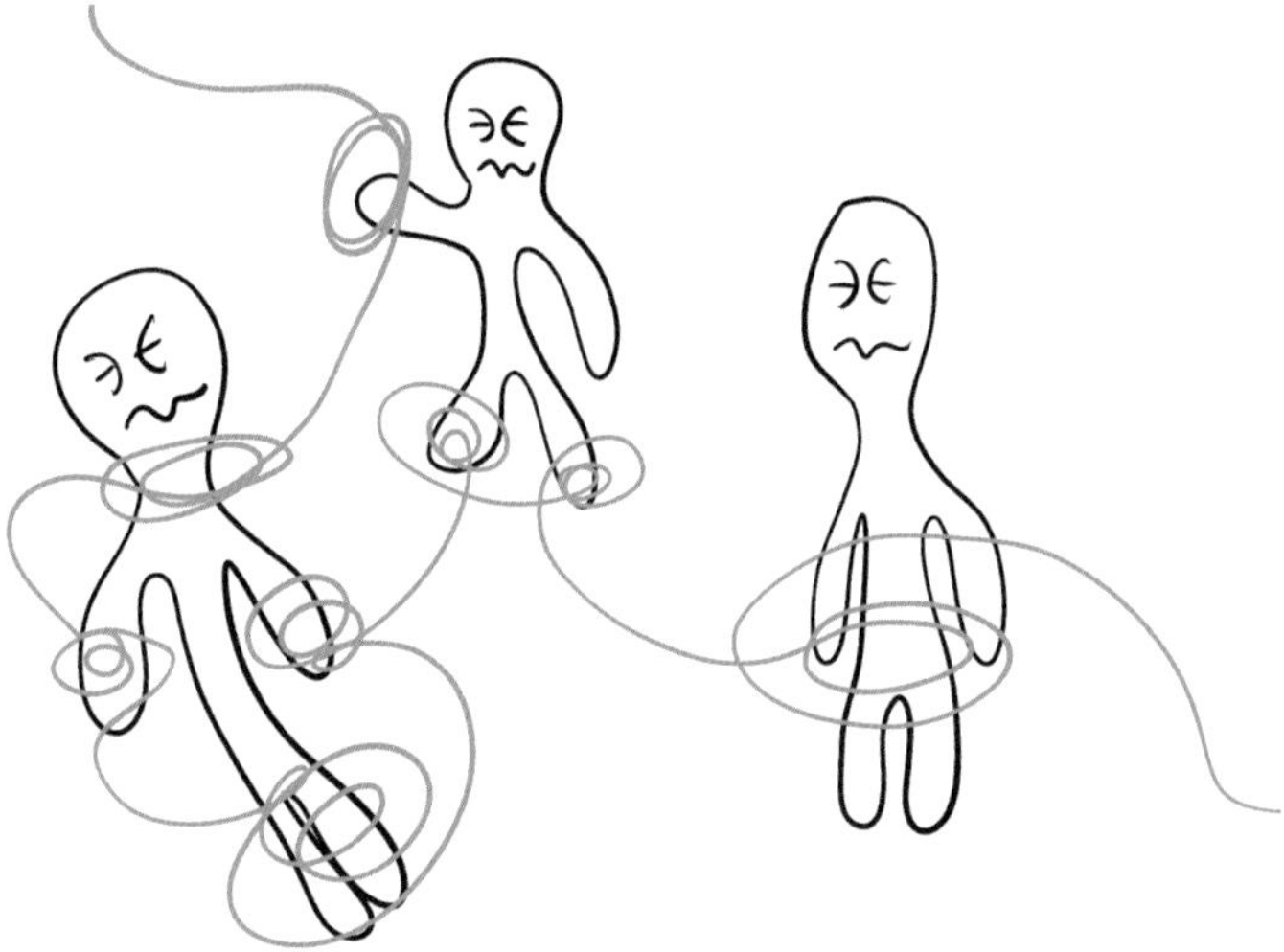

ずっと使っていないものにはよい気が巡らないので、すぐに捨てましょう！

●接続ケーブル・延長コード

接続ケーブル・延長コードを、ぐちゃぐちゃにしたまま使っていませんか？

使っていない接続ケーブル・延長コード、たくさんありませんか？

ケーブルやコードが絡《から》まったり、余分にあったりすると、人間関係や物ごとも絡まったり、複雑になったりしますので、気をつけてください。

〝中〟とは異なるのですが、かなり重要なので、あえてお伝えさせていただきました。

●あなたの体の中

無理に食べるのをおさえたり、残すのがもったいないからと食べすぎたりせずに、腹八分のように自然の流れに従いましょう。無理に我慢をするとストレスがたまり、あなたのエネルギーがエラーを起こして、必要のない食べものやモノ、ヒト、コトを過剰《かじょう》に求めはじめます。

ストレスを感じたら、こまめに体を動かすなどして発散しましょう。

また、思考の中のごちゃごちゃは、瞑想《めいそう》で解決します。瞑想が苦手な場合は、62ページのワークで、一緒に思考をキレイにしてしまいましょう！

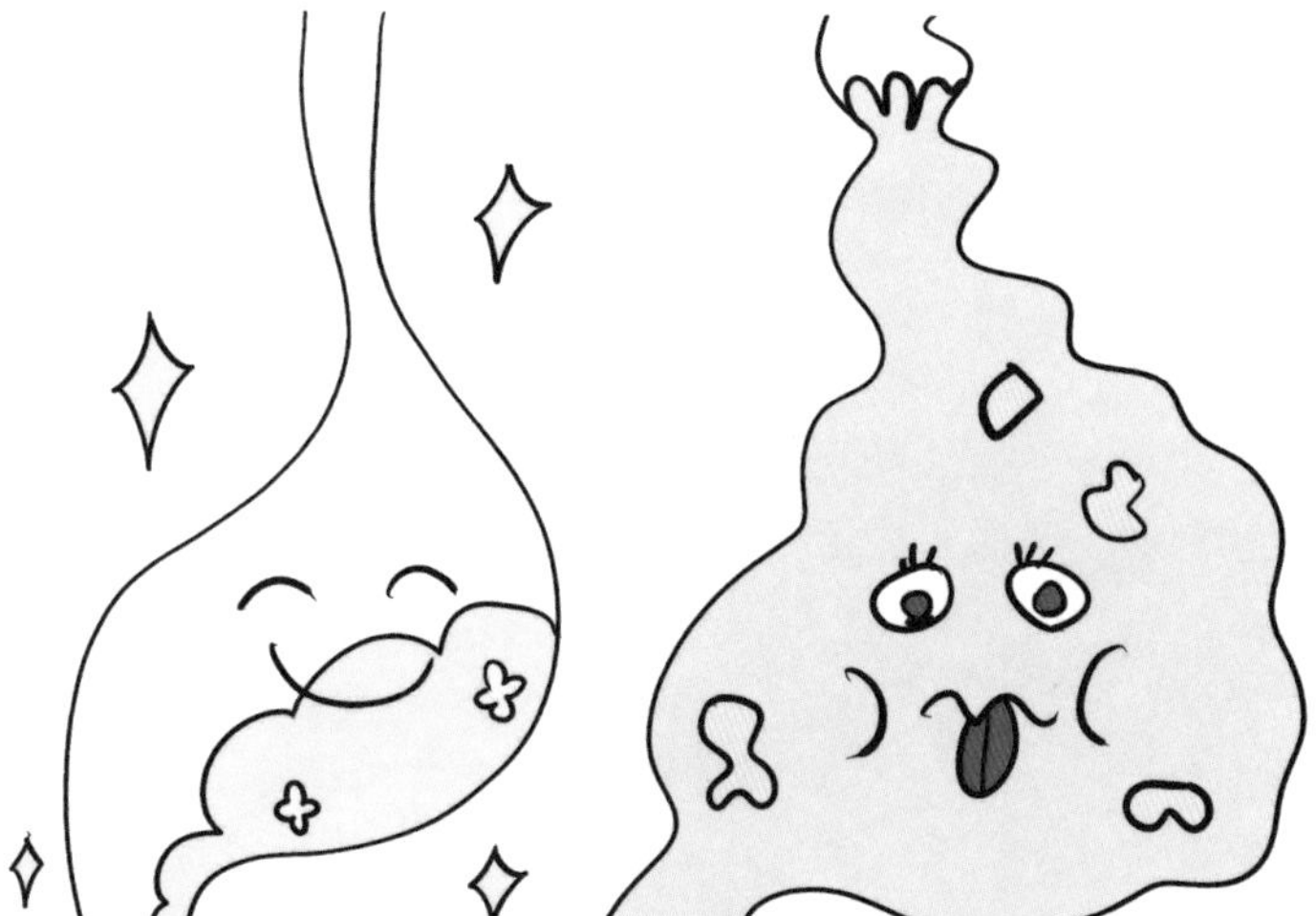

ここまで、読んでみてどうでしょうか？　手放すものは見つかりましたか？

見つかったら、流れをよくする要素が見つかったってことですね。

おめでとうございます!!!

2 日当たりよし・風通しよし・ホコリなしで流れをよくする

エネルギーの流れがよいものは、なんとなくキレイです。

流れがいいところには、ホコリって溜まっていませんよね？

なにも完璧にする必要はありません。**明るくて清潔感があればＯＫ**です。

家の中でしたら、「日当たりよし！」「風通しよし！」「ホコリなし！」の３点セットになります。

もちろん、いらないものが多くて、ごちゃごちゃさせていないことが大前提です。

日の光が入らない部屋であったとしても、風通しをよくして、ホコリなしにすればＯＫ！

それでは、ここからはそれぞれについて具体的に説明していきたいと思います。

●風通しをよくする

朝起きたら、まずは窓を開けて深呼吸しましょう。部屋の空気を入れ替えることはとっても大事です。

東南アジアのリゾートホテルなどにある、天井でくるくる回っているシーリングファンなども、部屋の中の空気が循環して、とてもいいアイテムですよね。

●床をキレイにする

ホコリがない状態にしておきましょう。

私は、ダイソン最強説を唱えています。

ルンバ君もとても優秀ですが、ダイソンの吸引力は浮遊霊《ふゆうれい》さえも吸い取ってくれるんです（笑）。浮遊霊について知りたい方は、『神さまとつながる方法』（日本文芸社刊）の16ページで少し触れていますので、ご参照ください。

家の中のありとあらゆる場所を、ダイソンで浄化させてしまいましょう！

●玄関をキレイにする

ホコリはこまめにお掃除を！　風や靴が土や小さなゴミなどを運んできていることもあるので、ときどき水拭《ぶ》きしてみましょう。

傘はちゃんと傘立てへ！　傘はちゃんとたたんでおきましょう。

コンビニのビニル傘が多くありませんか？　多すぎたら少し手放して！

●鏡をキレイにする

よ～く見てみると、ホコリがついていませんか？

ハイ！　いますぐ、家の中を一周して、鏡という鏡をすべて拭いてきてください！

●トイレをキレイにする

ここはマストです。

床やタンクの上、ペーパーホルダーの上のホコリもキレイに。意外と溜まっているはず。

とくにトイレの裏側の隙間は大事！

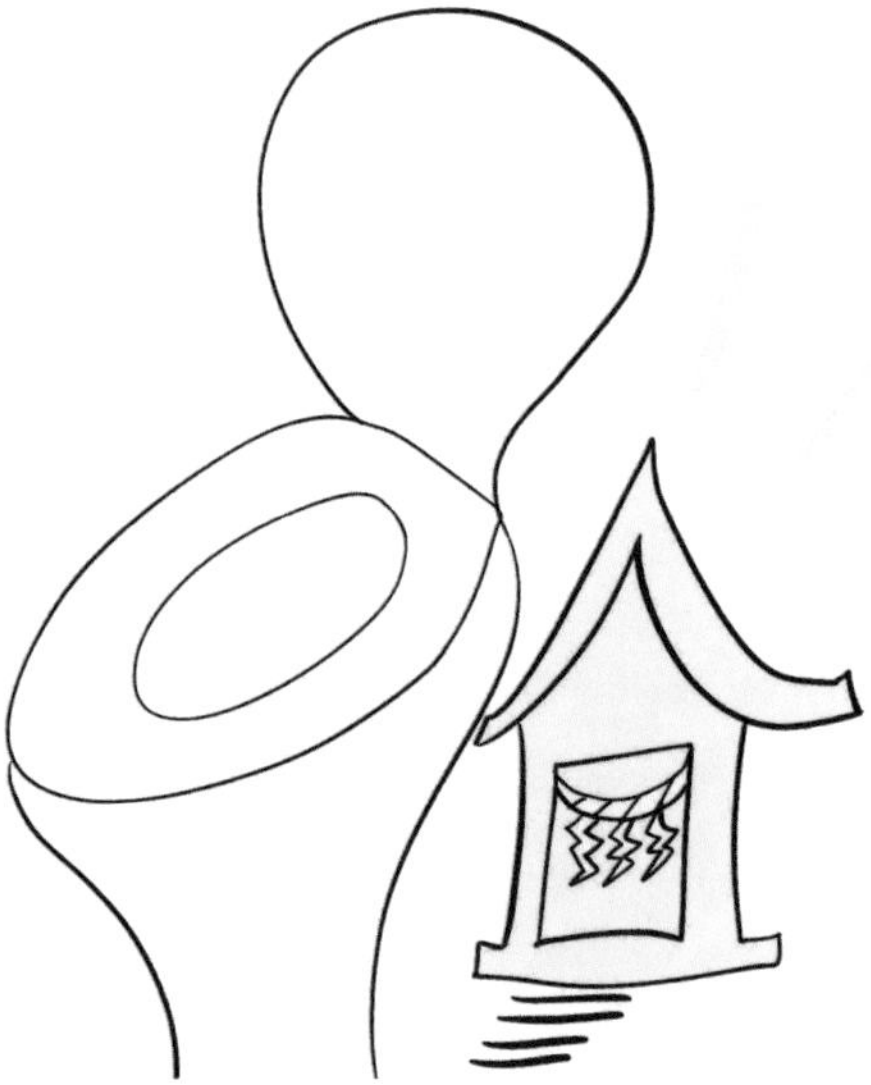

ここを、私は家の奥宮《おくみや》（神さま降臨の本源）と呼んでいます（笑）。
ここがキレイだと、大開運しますよ！

私的には、トイレに置く布地のものは、こまめに取り換える手を拭くタオルくらいで、あとは、あまりいらないと思っています。

もしも、便座カバーやトイレットペーパーカバー、トイレマットのところに布地のものを使用したい場合は、本当にこまめに洗濯してくださいね。

●寝床《ねどこ》をキレイにする

枕やシーツ、布団などは、定期的に日光に当てたり、こまめに洗濯したりして、清潔感を忘れずに！

また、使っていない布団で、湿っぽいものやカビ臭いものがあったら、いますぐ手放してください。

●あなた自身をキレイにする

お肌は、水分をたっぷり補給して、つねに潤った状態をキープしておきましょう。

頭皮や髪の毛もこまめにケアして、コリがない頭皮やパサつきのない髪の毛に！

歯は、こまめに歯垢《しこう》や歯石を除去し、虫歯は治しておきましょう。

●人間関係をキレイにする

人に気を使いすぎたり、相手に合わせすぎたりしていませんか？

あなたが居心地がよくないと感じる人とは、距離を置きましょう。

自分の声をちゃんと聴く習慣を身につけることが大切です。

そして、イヤなものは断りましょう。あなたのエネルギーはあなたの自由に、そして有意義に使っていいんです。

ですから、好きな人間と関わっていきましょう。

★すべてにおいて、あなたが心地よいと感じるモノ、コト、ヒトを選んでいいのです。

3 観葉植物と一緒にエネルギーを回す

エネルギーの流れがいいと、観葉植物がすくすくと元気よく育つので、バロメーターになってくれます。

その場のエネルギーの流れがいい状態であっても、そこにいる人間がどよ〜んとしている場合、じつは観葉植物がエネルギーを補給してくれるので、そのぶん、元気をなくしてしまうことがあります。

観葉植物は、愛に満ちているんです。

ですので、**人間も観葉植物も、両方いいエネルギーを発することができると、いつもお互いに、元気でイキイキモード**になります。

さらに、その家で、エネルギーをうまく回している人がだれなのか？　ということもわかったりもして、観葉植物は面白いんです。

あとですね、植物が大きくなってきたら、鉢も大きいものにバージョンアップをしてあげてくださいね。

すべてはリンクしていますから、**そろそろ植え替えが必要だな、というときには、あなた自身の人生もワンランクレベルが上がるとき**だったりします。

4 器を大きくして、中身も大きくする

すべてのモノは、環境に順応していく性質があります。器を変えることで、中身はそれに順応していくんですね。

ですので、私たちも、

■関わる人を変える
■住まいを変える
■お財布を変える

ということをすると、**中身が、その枠《わく》に合うコト、モノ、ヒトになっていきます。**

「素敵だな」と思う人と関わる。

ちょっとレベルを上げて、「素敵だな」と思う場所に住んでみる。

「素敵だな」と思うお財布を使ってみる。

最初は勇気がいるかもしれませんが、気がつくと、そこに馴染《なじ》んでいるあなたがいます。

とはいっても、無理しすぎはダメですよ！（笑）

ちょっと背伸びすると届くぐらいが、ちょうどいいでしょう。

5 生花を飾る

生花を飾ると、場のエネルギーが高まります。

素敵なホテルは、入り口のところに、大きな生花が飾ってありますね。

私が大好きな、丸の内のパレスホテルは、いつも生花のいい香りに満ちています。

ちなみに、私たちはそこまで盛大に飾らなくても大丈夫です。一輪挿《いちりんざ》しでもOK！

6 設定の法則を知る

ここからは、ちょっと設定を入れさせていただきますね。

私は、「設定の法則」というのをいつもしています。

先に決めておくことで、自分の人生システムを設定することができるんです。

この本では、私が、あなたに設定を入れさせていただきますね（笑）。

☆金運を上げるには……

――→黄色と白のお花をセットで飾ってください

☆恋愛・結婚運を上げるには……

→ピンクと赤のお花をセットで飾ってください

☆健康運を上げるには……

→白とオレンジのお花をセットで飾ってください

☆全体運を上げるには……

→4種類のカラー（何色でもOK！）のお花をセットで飾ってください

飾る場所は、あなたがもっとも長い時間いるお部屋に！

いつから飾る？

新月、または、一粒万倍日《いちりゅうまんばいび》（72ページ参照）にしましょう。

新月に願ったことは叶いやすく、これからどんどん大きくなる意味合いがあります。

一粒万倍日に始めたことは、一粒の稲穂が、万倍になるという意味合いがあります。

やったね！

7「お金は支払うとたくさん戻ってくる」と設定する

これ、やっていない人のほうが多いと思います。

しかも、ここだけの話……、
効果絶大です!!!

「支払ったら、増えて戻ってくる」と設定しましょう。

設定は簡単です。**あなたが決めればいいだけです。**

何か勉強をしている人は、その勉強代を回収するだけでなく、その投資が、何倍になるのかを設定してみてください。

あなたは、今日、いくら使いましたか？　そして、それは、何倍になって返ってきますか？

あなたが自由に決めていいんですよ。

8 お金の入り方は、お金の支払い方にリンクする

お金を支払うことで、あなたは幸せになるための何かをゲットします。
ですので、渋々ではなく、お金たちを笑顔で送り出しましょう。
ここがスムーズだと、入ってくるのもスムーズになります。

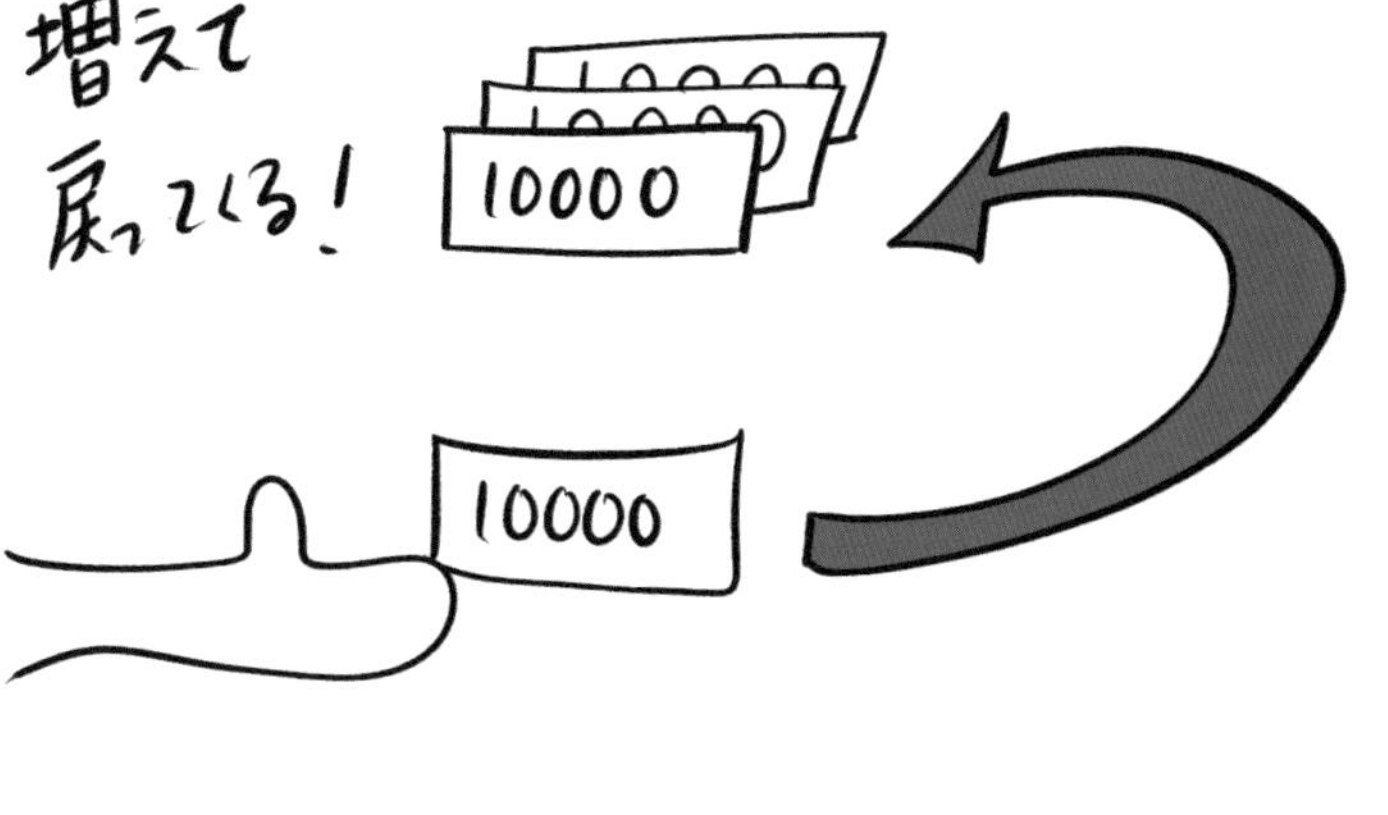

「高っ！」などといった口癖はありませんか？

これ、言わないほうがいいですよ。


ちなみに、お金を稼《かせ》いでいる人への悪口も言わないように気をつけましょう。

これは、自分がお金持ちになることを拒否することになり、金運が低迷します。

たとえ、お金持ちだからひがんでいるわけではなく、別に理由があったとしても、あなたの潜在意識は、そこまで理解できないのです。

また、お金を回してくれている人（所属している会社の社長やお客さまなど）への悪口は、あなたにお金が入ってくる元（入り口）のところを許可していないのと同じことなので、より入ってきにくくなります。


ここを改善するだけでも金運は上がります！

ぜひ試してみてくださいね！

金運にまつわる

キャメコラム

夢のお告げ編

私は、よく夢を見ます。夢を見たあとに、金運が上がったというエピソードをいくつかご紹介したいと思います。
みなさんも似たような夢を見たら期待大！

見た夢をすぐに忘れてしまうという人は、目が覚めてすぐに「夢ノート」なるものをつけるのもオススメですよ。

▼次元上昇する前兆の夢

次元上昇をして、ステージが変わるときに、よく下から上に押し上げられる夢を見ます。

車に乗っていると、垂直に上に勢いよく上がっていったり、神社に続く長い階段の下にいたら、後ろにたくさんの手が当てられて、長い階段の上まで一気に押し上げられて、鳥居をくぐったりするんです。

気持ちよく、勢いよく、ぐんぐん上に上がっていく夢は、間違いなく次元上昇しちゃいます！

金運も飛躍する前兆と言っていいでしょう。

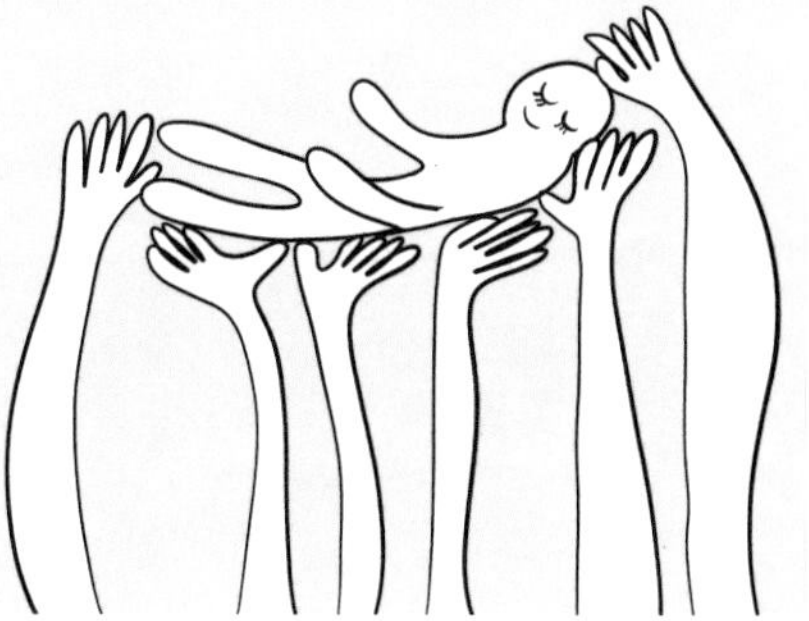

▼思いきった決断が「成功するよ！」と教えてくれる夢

覚悟をして行動したほうがいいときに、よく、不安定な高い場所から、海や川に飛び込む夢を見ます。

不安定な場所にいて、最初はその場所にとどまろうと頑張っているんですね。

でも、しばらくすると、もうそこにはいられる状態ではなくなり、思いきって海や川に飛び込んでしまうんです。すると、意外にも、そこにはほっと安心できるような世界があるんです。

「な〜んだ、もっと早く、飛び込んでおけばよかったんだ！」

という夢なんですね。

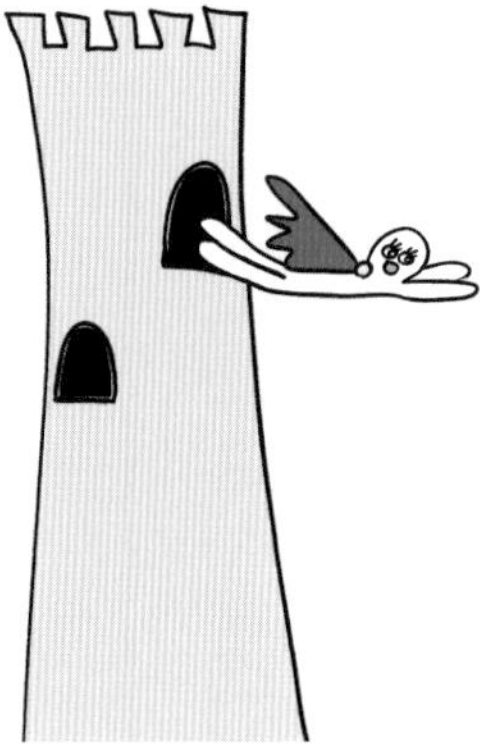

このような夢を見たときは、手放したり、移動したりなど、決断に躊躇《ちゅうちょ》していることがあった場合は、思いきって実行するようにしています。
そうすると、スッキリ、さっぱり、しっくりする未来につながっていくんです。
私は、「タロット占い師になる学校」を主宰しているのですが、そこではいつもタロットを使ったワークをするんですね。
あるとき、塔のカードのイメージワークをしました。塔のカードは、土台にヒビが入っていて、そこにいても不安になるし、飛び降りるのも怖いというカードなんですね。でも、そこをみなさんに思いきって塔から飛んでもらったんです。

すると、みなさんが口を揃《そろ》えて、

「飛び降りたら、とても素敵な世界だった」

と言うんです。


私たちは、変化することが怖いとき、いままでの状態に執着しがちですが、じつは、新しい世界に導かれているのです。

早く気づこう♡

▼大きなエネルギーを受け取る夢

乗り物の夢なのですが、目的地が具体的でなくても、どこかに向かっていて、そのときにちゃんと自分の座席があるという場合は、「その方向に進んでいますよ！」という前兆です。


この前、私が見た夢は、私がものすごく尊敬する方から、素敵な船を譲《ゆず》り受けるという夢でした。

新しい檜《ひのき》の香りがするその船を、その方が大きな倉庫から出してきて、

「この船に乗って行きなさい！」

と言うではありませんか！

とっても嬉しい気持ちになる夢でした。


実際に、何かをもらうというよりも、見えないエネルギーとして、その方から受け取れるものがあるのだろうと確信しました。

▼海がカエルに変わる夢

カエルが夢に出てくるのは、金運上昇の前兆なんですね。

私が見た夢は、透明の海とカエルが出てくる夢でした。

どこか外国の透明の海で、外国人のサーファーがサーフィンで乗りそうな大きな波の映像が見えてきて、それらが、

「ポン！　ポン！　ポン！」

と、大きなカエルに変身していったんです。

出てきたのは4匹のカエルだったのですが、3匹までが大きくて、4匹目が3匹に

比べると若干小さめでした。

そのとき、「なるほど！」と思ったのです。

それは何かというと、４つの大きな収入源が拡大し、最初の３つが大きくて、４つ目もいい感じだけれど、３つが特にいいんだな！　と確信し、実際にその通りになったのでした（笑）。

▼七福神が行進してくる夢

これは夢というか、瞑想中に見えた映像です。私の金運が飛躍的によくなる直前に見ました。

大黒天から順に、私に向かって行進してくるんです。

この七福神パレードは、夢で見ても、瞑想中に見ても、金運が最強になる前兆と確信しました。

また、日頃から、七福神が参拝できる神社やお寺などに行って、七福神と仲よくなっておくことはとても素敵なことですし、金運が上昇していきますので、ぜひやってみてください。

▼夢の中の家の話

いま住んでいる家なのですが、20年前くらいに、夢で見た家なんですね。

夢の中では、すでに住んでいて、とても居心地がよかったんです。

いつか、この家に住むんだろうな〜と思っていたら、案の定、いま住んでいます(笑)。

未来を先に体験した夢でした。

でも、いまの家は賃貸なのですが、夢の中では持ち家だったんですね。

だからきっと、いま住んでいる家は、自分のものになってしまうのではないかと思っています。あくまでも予想ですが(笑)。

CHAPTER 2

第2章

金運がぐんぐん上がる魔法のワーク8選

この第2章では、金運を爆上げしてくれちゃう魔法のワークをご紹介していきます。

第1章のお金が増えちゃう法則と同じ、末広がりを意味する「8」つ紹介しますが、どれもすぐにできます。

あ、これもですね、気をつけないとお金がどんどん増えちゃいますから、これ以上増やしたくない方はご遠慮ください！

1 お札を両手で包んで感謝のエネルギーを入れて浸《ひた》るワーク

銀行や郵便局でお金を引き出すときや、振り込みをするときなど、まとまったお札《さつ》を手にするときに実行しましょう。

まず、お札の束を両手で包み込んで、心から感謝を伝えてください。

「ありがとう」

と心の中でつぶやきます。

このとき、心の中がとても満たされた状態になることがポイントです。

すべてのものには、人と同じように心があります。お金も同じです。

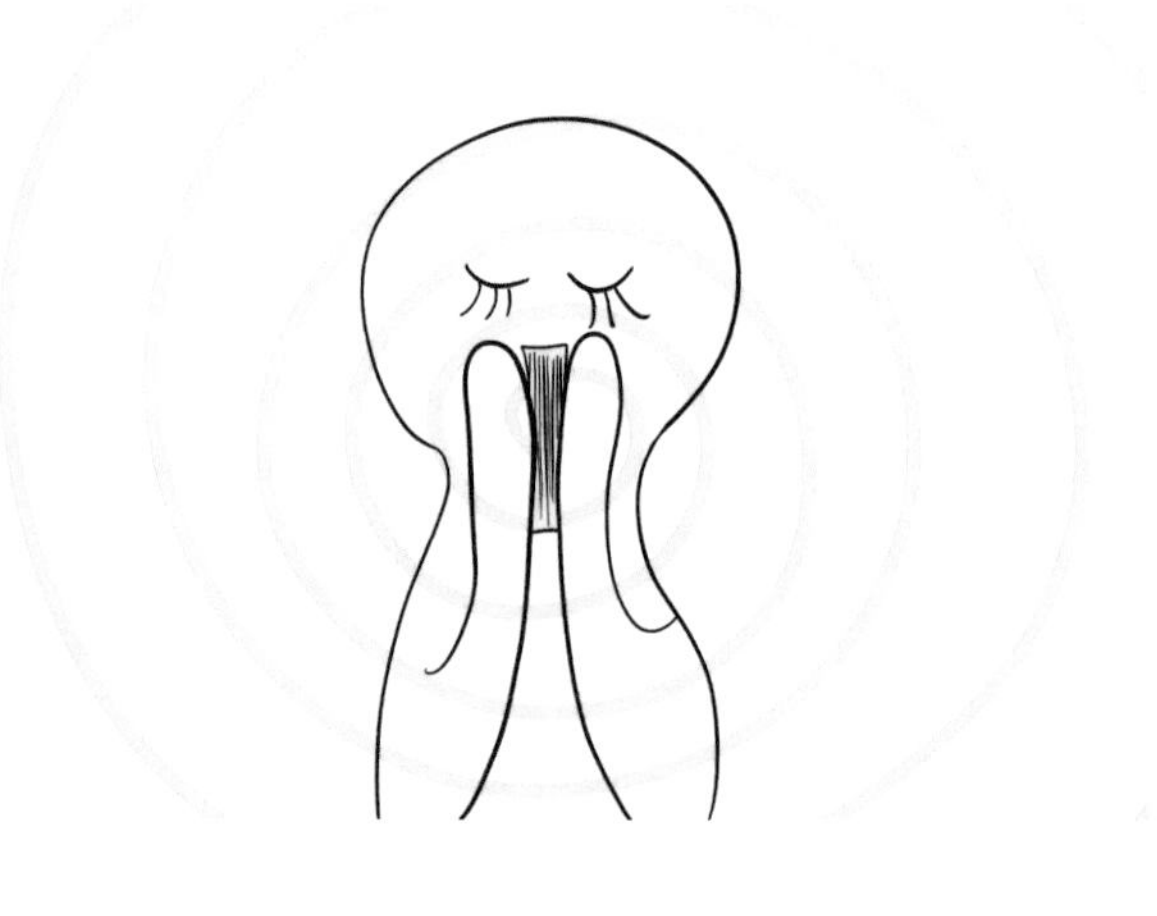

だから、心からお金に感謝し、エネルギーを入れてあげると、お金さんたちの「ここは心地よい！」と口コミで広がり、自然と集まってくるんです。

相思相愛ですね！

2 “当たり前”にすべてが手に入るワーク

なんでも手に入ってしまう「イメージワーク」をしましょう。

世の中には、すでにそこに当たり前に「ある」ものというのがあります。
例えば、冷蔵庫やテレビ、携帯電話、それに空気なんかも、そこに当たり前に「ある」ものですよね。

けれども、当たり前に「ない」ものに関しては、手に入らないからこそ、変に意識して執着したり、強く欲しがったり、あるいは、すでに手にしている人をうらやましいと思ったり、嫉妬してみたり……と、ややこしい感情を抱きやすくなります。

そのような当たり前に「ない」ものを、「ある」状態にするには、もうすでに自分のもとに「ある」とイメージします。

「ある」という波動を自ら作り出すことで、「ある」という現実を創りあげることができるのです。

現象が起きるのが先ではなく、テレビのチャンネルを合わせるのと同じように、何事においても、まずは「ある」という番組に自分のチャンネルを合わせて、イメージを創り上げます。

つまり、「先に波動を出す」ということです。

逆に、いまという現実は、ちょっと前にあなたが出した感情の波である「波動」によって、創られています。

波動が、現実のチャンネルを選んでくるというわけです。

※「波動」について詳しく知りたい方は、『神さまとの直通電話』（三笠書房）をご参照ください。

そのとき、自分がどのような感情を持つかによって、出す波動が変わり、その波動があなたに体験させるのです。

つまり、**当たり前に「ある」波動を出していれば、それが当たり前のチャンネルになり、当たり前に「ある」という現実がやってきます。**

というわけで、当たり前ワークを始めたいと思います！

当たり前になんでも買って、なんでもゲットしているイメージをしましょう。

あなたのクレジットカードは無限に使えますし、あなたのお財布の中のお札は、使っても使っても減ることはなく、当たり前のようにお札がある状態です。

同時に、増えるワカメのように、お札も増えますから、使わないとお財布がパンパンになってしまいます。

欲しいものや、こうなって欲しいという状態があれば、リアルにイメージして、サクッと手に入れてください。

そして、ひたすら大満足している気分でいるようなイメージに浸りましょう。

「もう、欲しいものがないよ！」

というくらい、頭の中でなんでも買っちゃってください。

そうすると、不思議と、

「いつでも買えるんだったら、買わなくてもいいかな⁉」

という気分になってきます。

そして、「ここ、最高じゃん！」というところに住んでください。

「こんなところに来てみたかった！」というところに行ってください。

言葉を発するときは、当たり前にその状態を体験しているかのように説明してください。

文字に書くときも、当たり前に、その状態を体験した日記を書きましょう。

どうですか？

豊かですよね～！

「豊かだな～！」って思ったら、こっちのもんです！

いい波動がつねに出ますからね！

そしてそのいい波動は、お金はもちろん、ヒト、モノ、コト……あらゆるものを引き寄せます。

ぜひこれを毎日やってみてください！

3 金運爆上げ呼吸法

まずは、あなた自身を浄化していきます。

深呼吸をして重い波動（イライラ、モヤモヤ、罪悪感、無価値感など）を体の外に出します。

「ス〜ッ」とゆっくり息を吸っていき、空気が肺やお腹に入るまで深くたっぷり吸い込んだあと、今度は「フ〜ッ」とゆっくり息を吐き出していきます。このとき、息と一緒にその重たい波動も吐いていきます。

吐く息とともに出てくる波動は、墨《すみ》のような色をしているとイメージしてください。

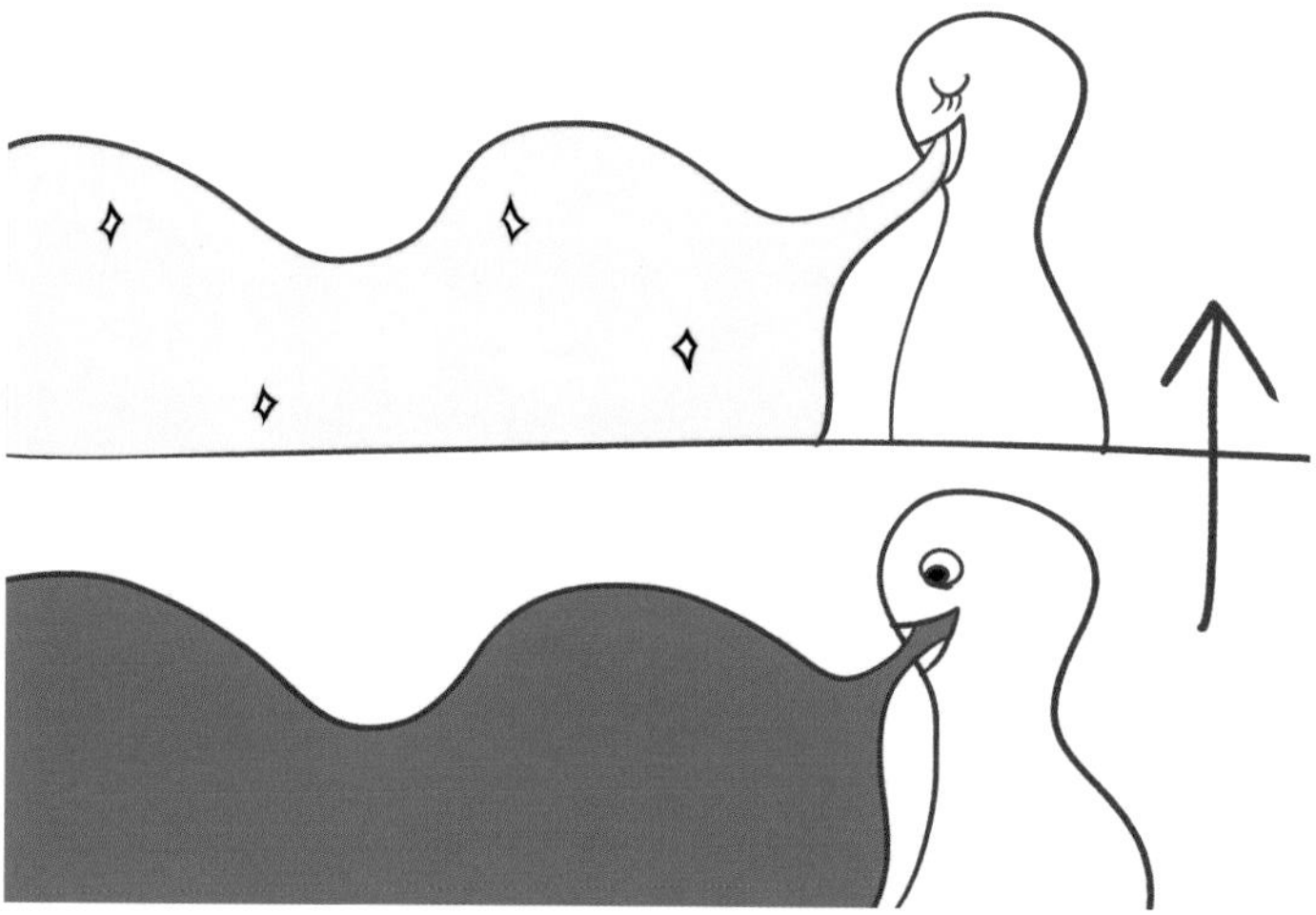

じつは、その**グレーのようなもののを吐くことによって、あなたが浄化されていくん**ですね。

しばらく深呼吸をくり返して浄化ができてくると、色が透明になっていきます。それをよ〜く観察してください。

今度は、吸う息を黄金カラーにしていきましょう。黄金色は、高波動かつ、金運爆上げカラーです。そのカラーを取り入れることで、豊かさに浸ってください。

気がつくと、あなたはたまに黄金の観音さまと合体しています。

そして、吸う息も、吐く息も、両方黄金になっていくではありませんか。

あれ???

手のひらからも、鼻の穴からも、瞳からも、耳からも……、いろんなところから、黄金の滝が流れ出てきました!

黄金MAX状態になったら、ワークは終了です。豊かですね！

4 金運がよくなるキャファメーション

アファメーション（キャファメーション）とは、いい波動を出す練習です。あなたから**いい波動が出るようになれば、いいことがどんどん起こるようになります。**

最初は、心から言えない……という人もいるので、言葉にするだけで大丈夫です。もちろん慣れてきたら、本当にその気分を味わいながら、声を出して言うようにしましょう。

本当に心地よく感じるようになってきたら、しめたものです。

何度もくり返して言葉にしていくことで、波動に違和感がなくなってきます。そうすると、言葉が現実化の準備に取り掛かるようになるのです。

ぜひ、気に入った一文だけでもよいので、日常に取り入れていってください。

トイレに入ったら言う、コンビニを見かけたら言うなど、ルールを決めておくと習慣化しやすいですよ。

そして、キャファメーションは、次にご紹介する言葉以外にも、ご自身で作ったものでも効果はありますから、どんどん作成していきましょう！

◆私はとても豊かで幸せです。
◆私はお金を稼ぐことがとても楽しくて簡単です。
◆私はいつもお金に恵まれています。
◆私は金運がすごくいいです。
◆私はお金に愛されています。
◆私のもとにお金が無尽蔵にどんどん入ってきます。
◆私は好きなことをしているだけで、どんどん豊かになっていきます。
◆私はお金が大好きで、お金も私が大好きです。
◆私がお金を支払うと○倍になって返ってきます。
◆なぜだかわからないけれど、必要なときに必要以上にお金が自然に入ってきます。
◆私は、いちいち幸せで豊かで健康で最高です。
◆私は豊かでいつも自由です。
◆私の人生思い通りです！
◆私は幸せです。健康だし、お金持ちだし、みんなから愛されています。

5 金運がよくなる手相と人相になる

金運がよくなる手相の線はいろいろありますが、こちらでは8つのタイプを紹介します。

あるとラッキー！
なくても、ボールペンで描けばいいでしょう！
簡単ですね（笑）。

金運がよい手相8タイプ

ちなみに、右手は現在の自分やこれまでに努力して得たものなど顕在的《けんざいてき》なものが、左手は持って生まれた才能や運勢など潜在的《せんざいてき》なものが出ます。

1

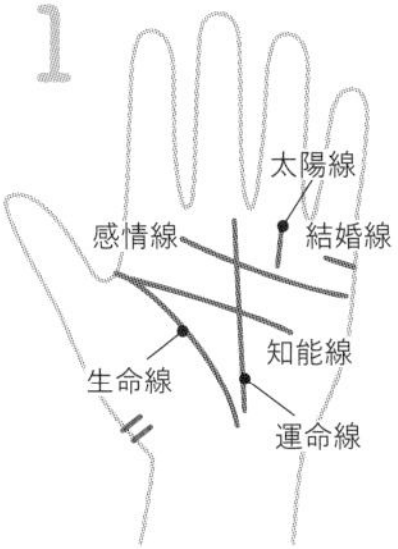

人徳線

徳が高く、人や神さまから好かれ、とても豊かになっていきます!

2

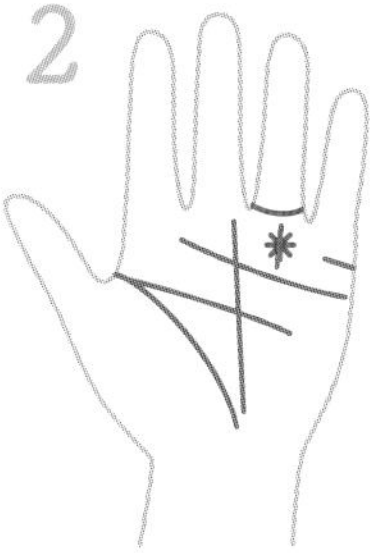

薬指の下に＊印

金運と人気運が大発展！
（薬指のつけ根を囲む線も同じく）

3

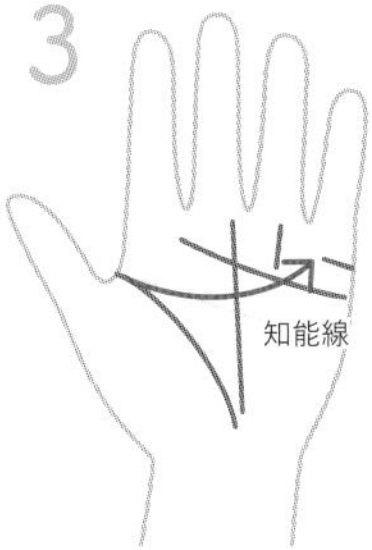

知能線の先が小指に向かっている

商売の才能がどんどん開花します!

4

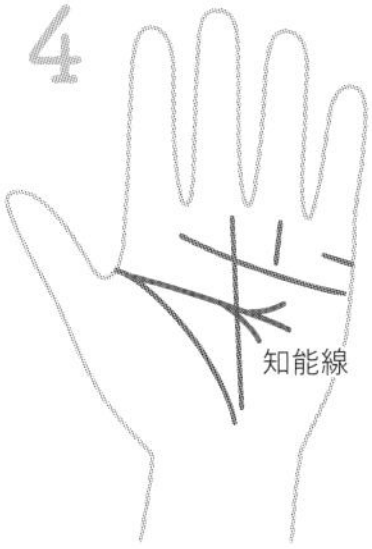

知能線が枝分かれ

多芸多才で収入が増えます。

5

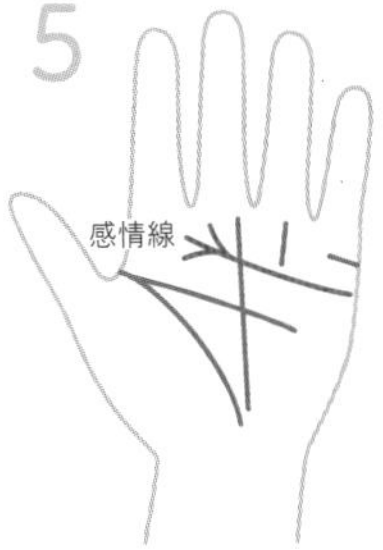

感情線が3又に分かれている

あげまんの印で、人の魅力や才能を引き出し、もれなく自身の金運もアップ!

6

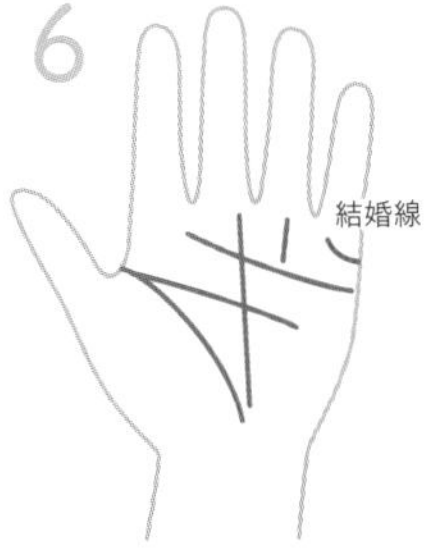

結婚線が上向き

結婚してから金運アップ!

7

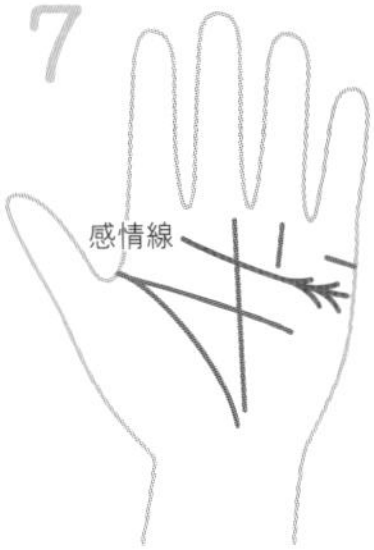

感情線のつけ根に支線が多い

トークで金運と人気運をGET!

8

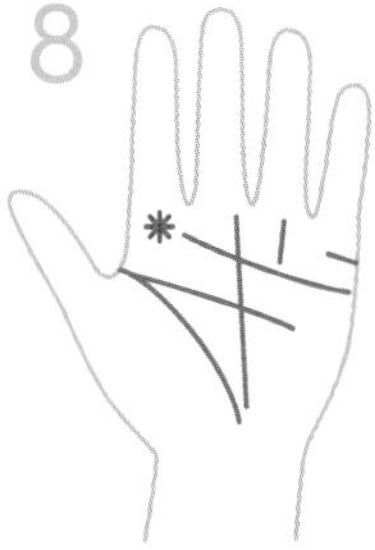

人差し指の下に＊印

なんでもうまくいきます。

どちらの手相も最大限に使っていきましょう!

人相については、こちらを意識すればOKです。

金運がよくなる人相の特徴

●額《ひたい》を出す……とくに第3の眼（眉間の中間あたり）を出しましょう。

●口角が上がっている……つまり、笑顔でいることです。笑顔でいるとオーラが外向きになり、ヒト、モノ、コトなどがどんどん集まってきます。

●潤《うるお》いのあるお肌……乾燥してカサカサしていないことがポイントです。

6 金龍を宇宙から降ろすワーク

頭の上から透明な筒《つつ》が宇宙につながっているのをイメージしてください。

次に、心の中で、こう唱《とな》えます。

「金龍さん、降りてきて〜！」

そして、頭上に少しだけ自分のエネルギーを出すイメージをしましょう。

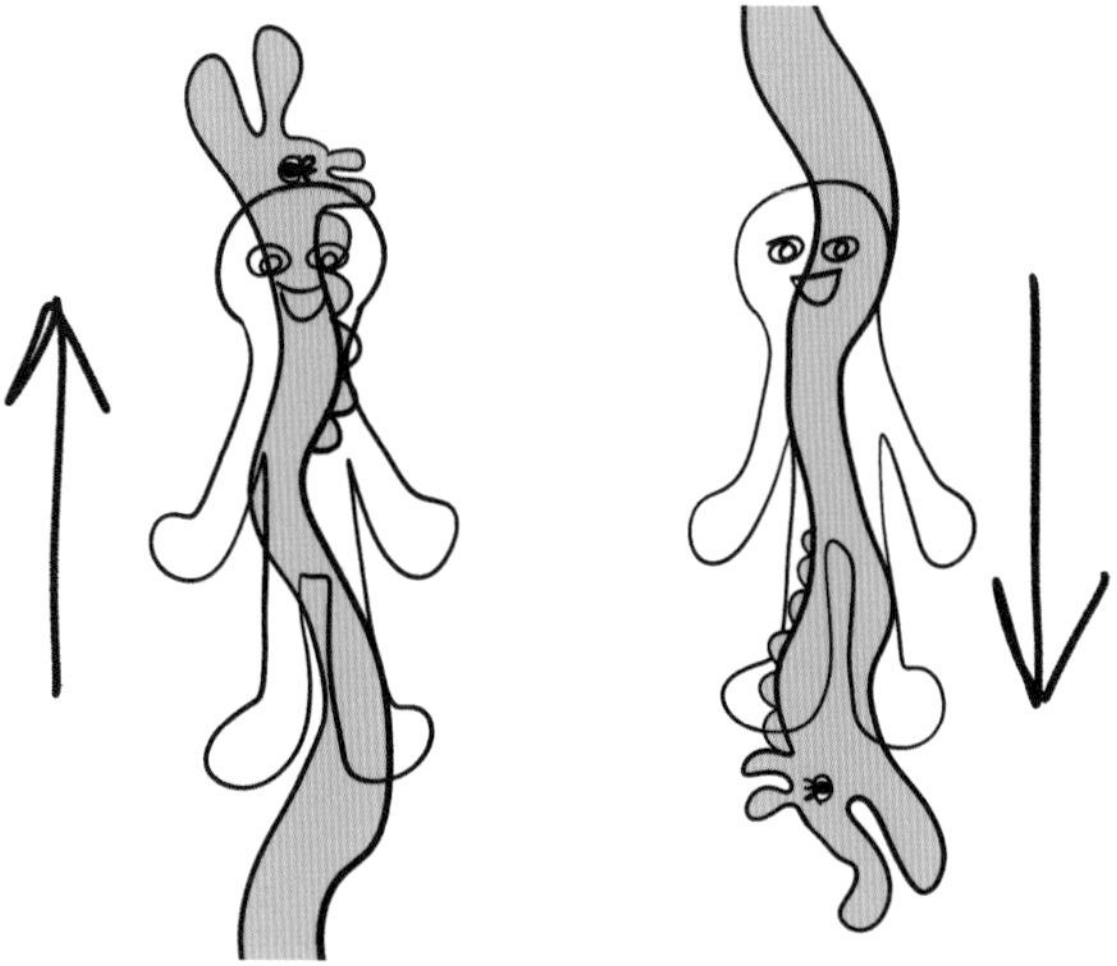

「ポコッ!」

すると、エネルギーをポコッと出した瞬間に、宇宙から、金龍があなたのもとに降りてきます。

金龍が降りてくると、ものすごい量の黄金の滝のような、お金のエネルギーになり、とめどなく、

「ザクザクザクザクザクザクザク〜〜〜〜!!!!!!!」

と、あなたの体を突き抜けて、足裏から地球の中心まで進んでいきます。

これを深呼吸をしながら、堪能してみてください。

そして今度は、金龍が、地球の中心から、あなたを通って宇宙に昇っていきます。とても心地よく、そして、体は温かくなります。

一瞬でもいいですし、しばらく堪能していてもいいでしょう。

このワークを行なうと、**お金の流れが急激によくなりますし、金龍とも仲よくなれますし、さらに、グラウンディング**※**もできます。**金運最強ワークなのです。

グラウンディングについて、詳しく知りたい場合は、『神さまとつながる方法』（日本文芸社）をご参照ください。

※地球としっかりつながることで心身を安定させてバランスを整えること

7 新月か一粒万倍日にお財布を使い始める

先ほど44ページでもちょこっとお伝えしましたが、**新月は、ものごとのスタートにとてもいい日です。**

新月から満月にかけて、お月さまはどんどん膨《ふく》らんで大きくなっていきます。ですので、新月にお財布を使い始めると、どんどん増えていくイメージがお財布にインストールされるんですね。

一粒万倍日は、一粒の籾（もみ）からたくさんの稲穂が実ることから、この日に始めたことは、万倍に広がっていくという日です。

また、打ち出の小槌《こづち》を持っている人は、新月や一粒万倍日に、その小槌をお財布に振るといいですよ！

その際、金のシャワーが打ち出の小槌から降り注《そそ》がれるイメージをもちながら行なうことがポイントです！

8 豊川稲荷《とよかわいなり》の奥の院でお財布をカチカチしてもらう

愛知県豊川市の豊川稲荷の奥の院では、石をカチカチ打って切り火をしてくださいます。
その際、お財布を開けて、切り火をしていただきましょう！

ちなみに、東京・赤坂にある豊川稲荷東京別院では、お参りする前に、大黒天にお水をお供《そな》えすると、大黒天が、あなたの金運アップの強い味方となってくれるでしょう。

また、境内の弁財天さんには、卵をお供えします。そうすると、弁財天のお使いである白へびさまともコンタクトが取れて、家に遊びに来てくれるようになるんです。

金運にまつわる

キャメコラム

運を引き寄せる習慣編

ここでは、これまで私が実際に体験した不思議なできごとや、普段から行なっている運を引き寄せるために意識していることなどをお話したいと思います。

▼問題解決のモグラの話

なにか問題が解決したか、しないかくらいのときに、モグラがカラスに連れられて、うちの屋上でカラッカラにひからびていたんですね。

まさに弱肉強食の世界。

モグラさんは、普段土の中、つまり、地上からは見えないところに存在していますよね。その見えない部分が浮き彫りになって、カラッカラになっていたので、

「あ〜、あの問題は、もうすべて出きって、終わったんだな！」

と、私はその現象をもって悟りました。

いろいろな現象は、ひとつのことだけではなく、さまざまな場面に置き換えるようにしています。

自分に起こることはすべて、リンクしていますからね！

▼恐ろしく資産が増えた白へびさまの話

友人から、大分県に出張するので、オススメのパワースポットを教えて！　と、連絡がありました。

そこで、白へびさまと仲よしの私は、貴船城《きふねじょう》に鎮座しておられる、守り神の金白竜王（白へびさま）をさわらせてもらうといいよ！　と、回答したんです。

その白へびさまをさわると、一粒万倍のご利益があると言われています。

そして、友人は、その白へびさまをさわらせてもらったそうで、数日も経たないうちに、連絡が来ました。

「あの白へびさまをさわってから、資産が増えすぎて怖い!!!」と。

このような経緯もあって、そのあと友人は、私が描いた白龍さんの絵画を購入してくれました（笑）。


白へびさま効果、恐るべし！

▼穂見《ほみ》神社の御神体である磐座《いわくら》の話

穂見神社（山梨県韮崎《にらさき》市穴山《あなやま》町）は、知る人ぞ知る、500円玉でひとつ願いを叶えてくれると言われている神社です。

それでですね、穂見神社の御神体は磐座で、2年ほど前に、こちらの神社を著書に紹介させていただいたんです。

そうしたところ、穂見神社に参拝される方が増えまして、

「上のほうにある磐座までの道が整備され、階段もできました！」

と、韮崎市長さんから連絡をいただきました。

思い返してみれば、私は、こちらの神社と出会ってから、いいことしか起こっていません。

もちろん、金運もうなぎ登りです。

ぜひ、足を運んでみてください。

▼新屋山《あらややま》神社の奥宮がスゴイ！

新屋山神社（山梨県富士吉田市）は、奥宮が富士山2合目にあります。

ですので、積雪の影響もあり、11月下旬から4月下旬までは、参拝できません。

ただ、この奥宮に参拝に行ってから、私の金運は上昇し続けています。


晴天ですと、大きな富士山がものすごい存在感で登場しますので、乞《こ》うご期待!!!

新屋山神社の本宮《ほんぐう》で、奥宮に行く地図がもらえますよ！


また、新屋山神社に参拝に行くならば、近くにある北口本宮富士浅間《せんげん》神社にもお参りしましょう。

参道からとっても素晴らしく、運気がアップしていくのをヒシヒシと感じられるはずです。

そして本殿の裏には、大黒さまと恵比寿さまがいらっしゃいます♡

機会があればぜひ行かれてみてくださいね！

▼金運がよくなる神棚の話

キャメレオン竹田家の神棚

私は、神棚をつねにキレイにして、さらにコミュニケーションもとるように心がけています。

お塩とお米、お水、御神酒《おみき》を取り替え、また、お榊《さかき》は作り物でも問題ないと思います。お榊が枯れているのはよくないですからね。

また、何かにつけて、ご報告や感謝を伝えています。

例えば、私は作家業をしているので、本の見本が上がってきたら、真っ先に神棚に報告します。その際のポイントは、必ず神鏡《しんきょう》に映すこと。

そして、重版するたびにご報告するんですね。そうすると、また重版がかかります(笑)。

▼「金運を上げるには？」と質問して、歩く・寝る・本を開く

自分で自分に質問を投げかけていくと、回答が得られるんです。
とくに、寝る前、道を歩いているとき、本を開く直前が効果的です。

例えば、「金運を上げるには？」とか、「○○をゲットするには？」といった質問も、もちろんＯＫ！

私は、よく瞑想中に質問を投げかけるようにしています。
すると、映像で回答が出てくることがあります。

以前、こんなことがありました。

ちょっとだけ、お金を貸した友人がいまして、返してくれる日が遅れたりするんですね（笑）。
それを、瞑想中に質問してみたんです。
すると、その友人が自転車に乗りながら、こちらにやってくるのですが、何回も巻

き戻されて、同じ場面が永遠にくり返されるんです。

私は、「これはこまめに返してくれるということなんだな、なるほど!」と思いました。

実際に、すべて映像通りでした。

ということで、

●寝る前
●道を歩いているとき
●本を開く直前

どれか都合のいいタイミングでぜひ試してみてください。

▼エンジェルナンバーを意識する

数字の羅列を見ると、それがメッセージであることがあります。

とくに、「それでＯＫですよ！」というときは、同じ数字の羅列を目にする機会が増えます。例えば、11時11分をよく目にしたり、車のナンバープレートで、８８８８を目にしたり。

エンジェルナンバーは、とても有名ですよね。

こちらに、意味合いをざっくりまとめておきますので、ご参考にどうぞ！

1の羅列
→あなたの理想が現実になる！

2の羅列
→自分を信じるとうまくいく！

3の羅列
→協力し合うとうまくいく！

4の羅列
→まるっとうまくいく！

5の羅列
→変化を受け入れると、最高の道が登場！

6の羅列
→手放すとスムーズになる！

7の羅列
→あなたの願いは叶う！

8の羅列
→経済的な満足！

9の羅列
→何かが終わって、何かが始まる！　バージョンアップ！

▼金運がよくなるお財布、ジュエリー、ファッション、香り、カラー

昔、ヴィンテージの金のロレックスにひと目惚《ぼ》れしたことがあります。
よく見ると、発売されたのがまさかの私と同い年で、同じ月のリリース！
これは！　と運命を感じて、すぐさまゲットしました。

見るだけで、テンションが上がるデザイン！
装着すると、さらにテンションが上がる！
そして、18Kが使われているので、それだけでも金運上昇！
すると、この腕時計をゲットしてからも、私の金運は上昇しっぱなしです。
3年に一度、オーバーホールをして、いまでも大切に使っています。

気に入ったものを、身につけたり、囲まれているのって、金運アップにとても大事です。ちなみに、ブランドは関係ありません。

これはですね、ズバリ、あなたの気分が上がるものがいちばんいいです。
テンションが上がるお財布！

ワクワクしてしまうジュエリー！
幸せな気分になれるファッション！
いい気分に浸れる香り！
これでいいんです。

カラーも、あなたが見て感じた心地よい色というのは、あなたを豊かにしてくれる色なんです。その日、その日で、グッとくる色を取り入れるといいでしょう。

とはいえ……、ゴールドは最強の金運上昇色です。
もし、ジュエリーでゴールドを身につける場合は、10Kより18Kがオススメです。
金運を高めてくれるパワーストーンも、ちょこっとだけ紹介いたしましょう。
もちろん、見て、感じて、あなたがトキめく石がいちばんですよ！

私、キャメレオン竹田が上がる小物たち

アコヤ真珠：あらゆることを、豊かで素敵なエネルギーに変換
アンバー（琥珀《こはく》）：金運と健康運を高める
エメラルド：才能からのお金の流れ
ガーネット：成功に導く
ガーデンクオーツ：茶色系は物質的豊かさ、緑色系は心の豊かさ
サファイア：お金につながる信頼の獲得
シトリン：金運と仕事を高める
スファレライト：一気にステージアップ
ダイヤモンド：持つ人の存在感やあらゆるパワーを高める
ファントム水晶：あらゆるレベルアップ
ブラックルチルクオーツ：仕事のスムーズな展開
ペリドット：あなたの自信が豊かさを生む
ルチルクオーツ（特に金の針が太いもの）：財運に最強
ルビー：素敵なヒト、モノ、コトを引き寄せる
龍《りゅう》や鳳凰《ほうおう》、麒麟《きりん》、へびが彫《ほ》られている水晶：あなたの運がよりよくなるように、見えない力を授けてくれる

CHAPTER 3

第3章

眺めるだけで金運爆上がり！パワーアート

前作の『神さまとつながる方法』に続き、この本をつくるにあたって、いろんな神さまなど“目に見えない存在”たちから、メッセージをいただきました。それらをすべて絵とみなさんへの「お手紙」として紹介していきます。

絵を描くときはいつも、その絵が最終的にどういうものになるのかがわかりません。描いているうちに、さまざまな声が聞こえてきて、その声に従っていくうちに気がついたら完成している、といった具合です。

今回も、国内外150カ所以上のご神水・聖水を混ぜ合わせた水を使って描いています。

それでは、眺めているだけでも金運が爆上げされていく、パワーアートの世界へレッツゴー！

1 金のつぼ

何が出てくるかな⁉

あなたが発した言葉にリンクする現象が、
わたしの中から出てきます。

そして、わたしは、
つねにあなたのそばにいるんです。

だから、素敵な言葉を発してくださいね。

幸せ、満足、豊か、最高、嬉しい、勇気、かわいい、
自信、うまくいく、安心、ありがとう、パーフェクト、楽しいｅｔｃ……

2 金の富士山

わたしのもとに、
春夏秋冬、たくさんの人たちがやってきます。
なぜって、
存在感があるのを、
わたし自身が知っているから。

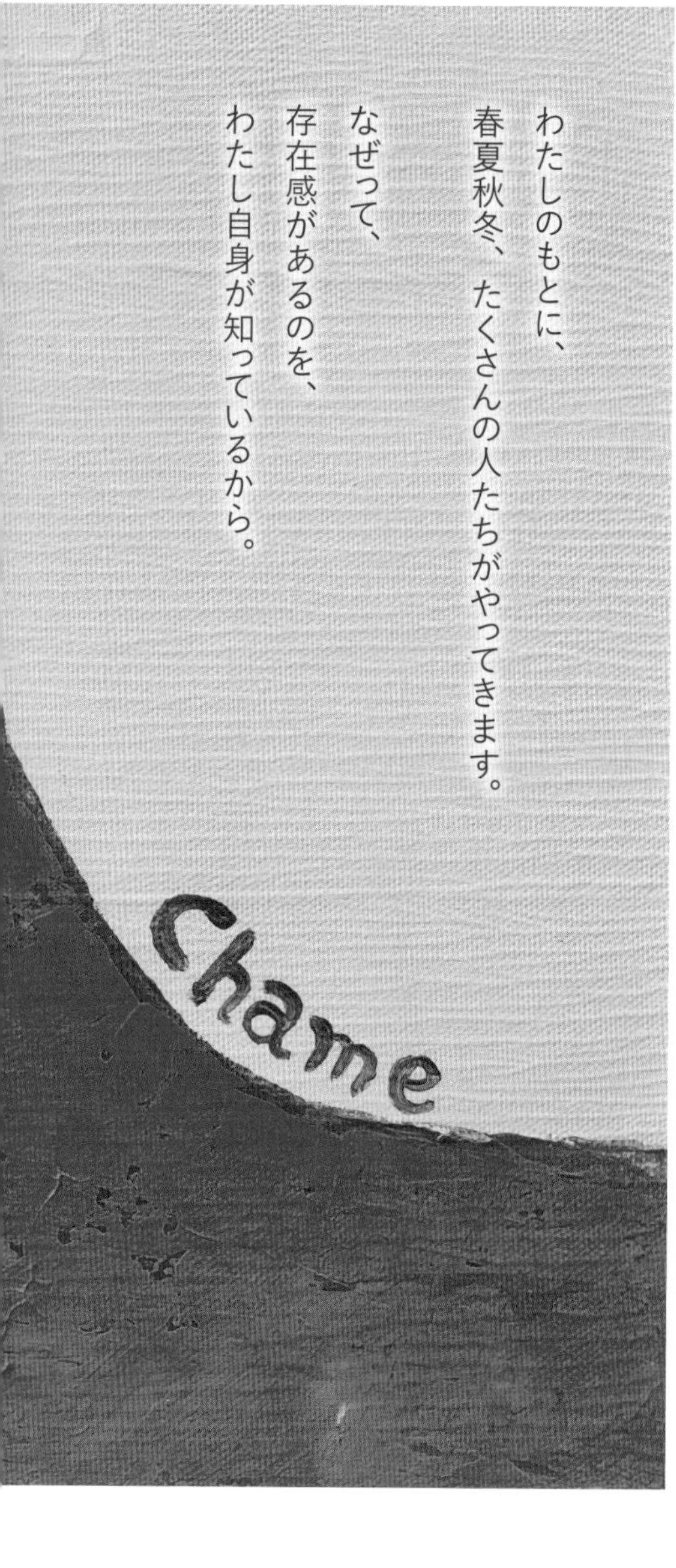

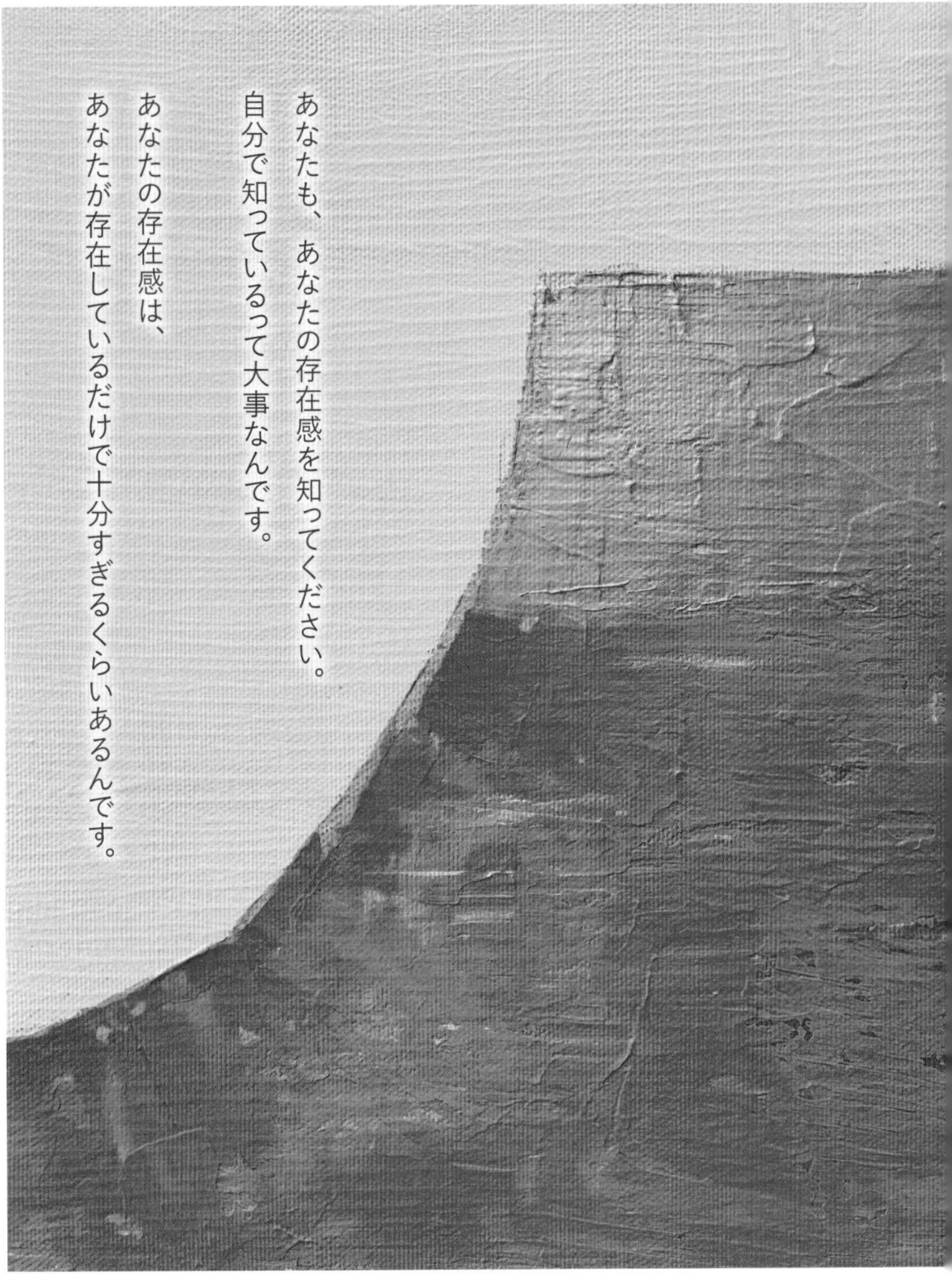

あなたも、あなたの存在感を知ってください。
自分で知っているって大事なんです。

あなたの存在感は、
あなたが存在しているだけで十分すぎるくらいあるんです。

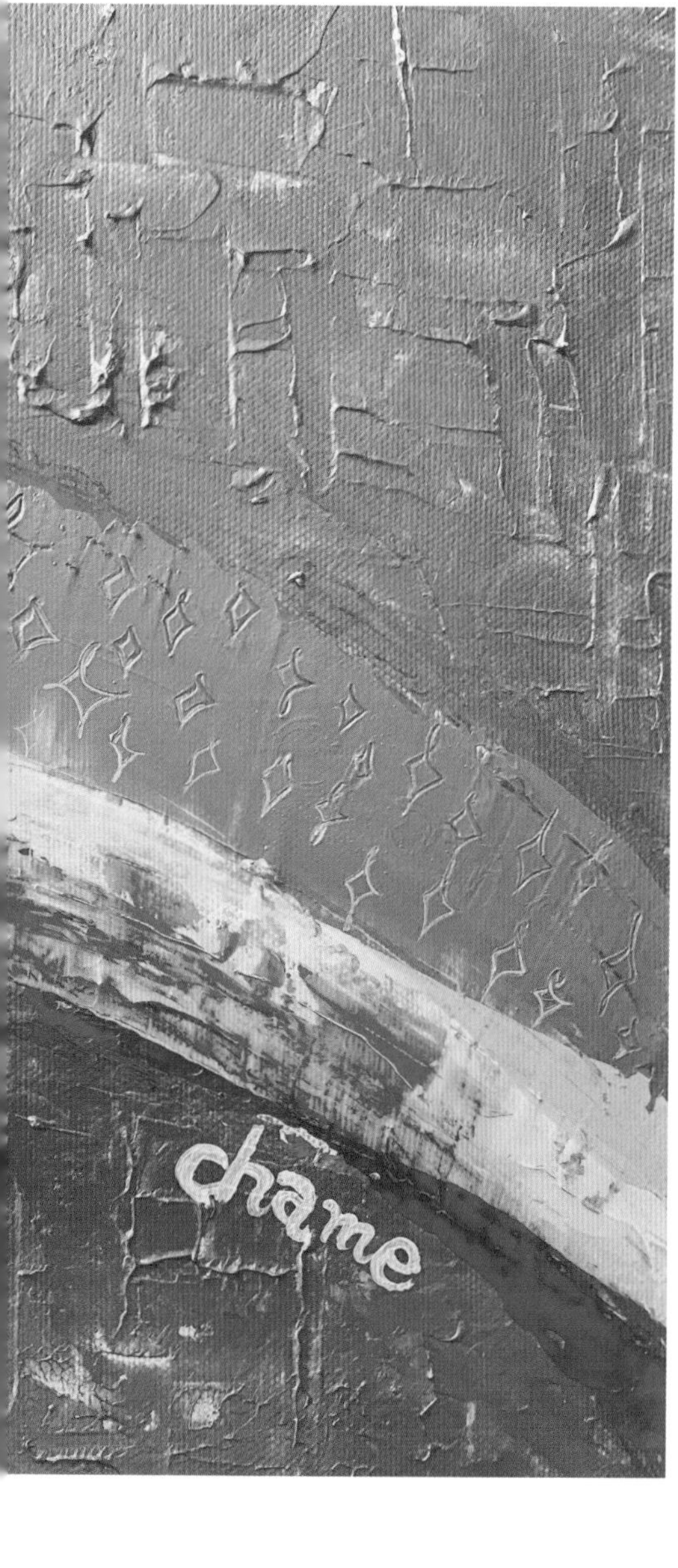

3 金の虹

わたしは、
金の雨が降ったあとに出てくる金の虹。
わたしは、
豊かさの象徴。
わたしのことを思い出してくれるだけでも、
あなたに豊かさの波動が流れていきます。

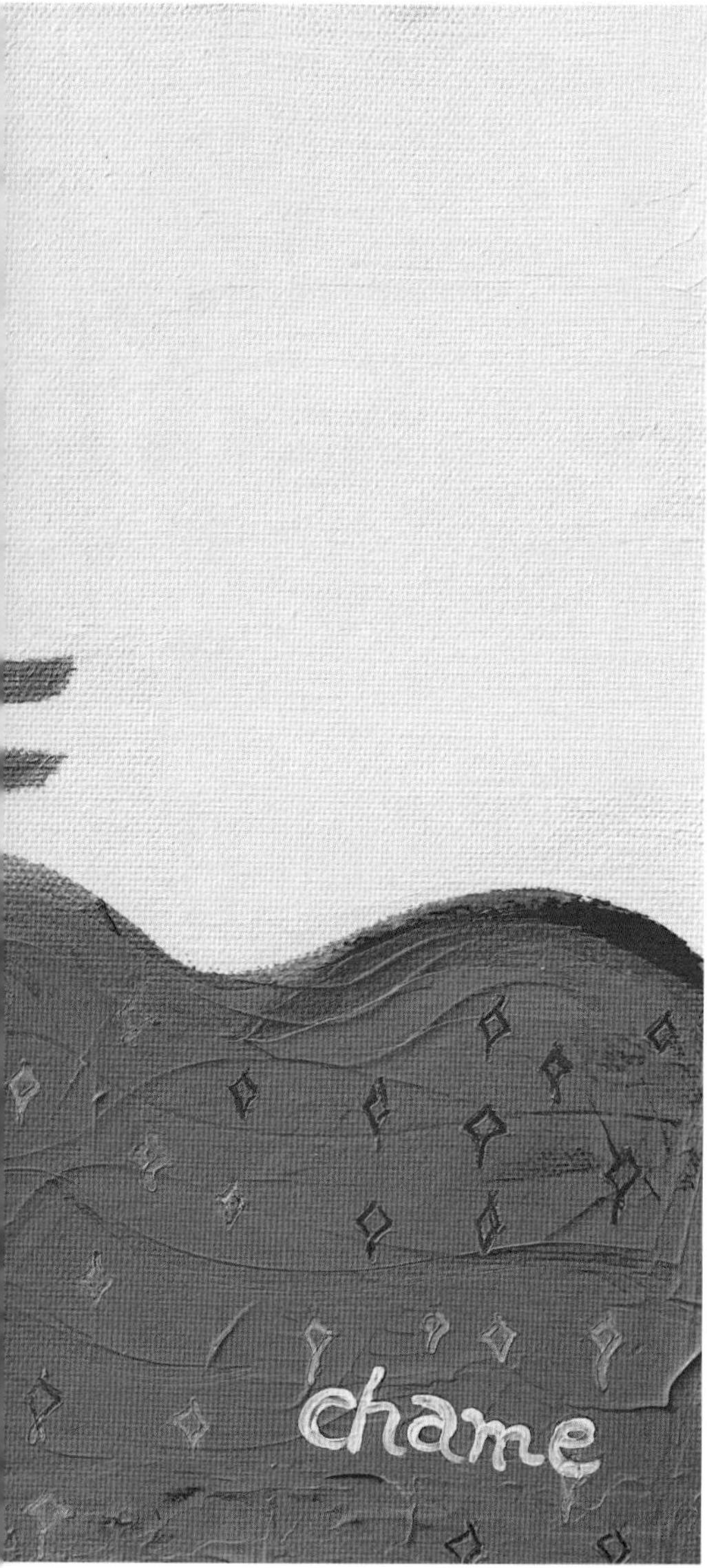

4 金の鳥居

わたしは金の鳥居。
たまに姿を現します。
それは、あなたの夢の中かもしれません。

わたしに出会ったとき、
ぜひ、わたしをくぐってください。
あなたの豊かさは、
ますます飛躍していくことでしょう。

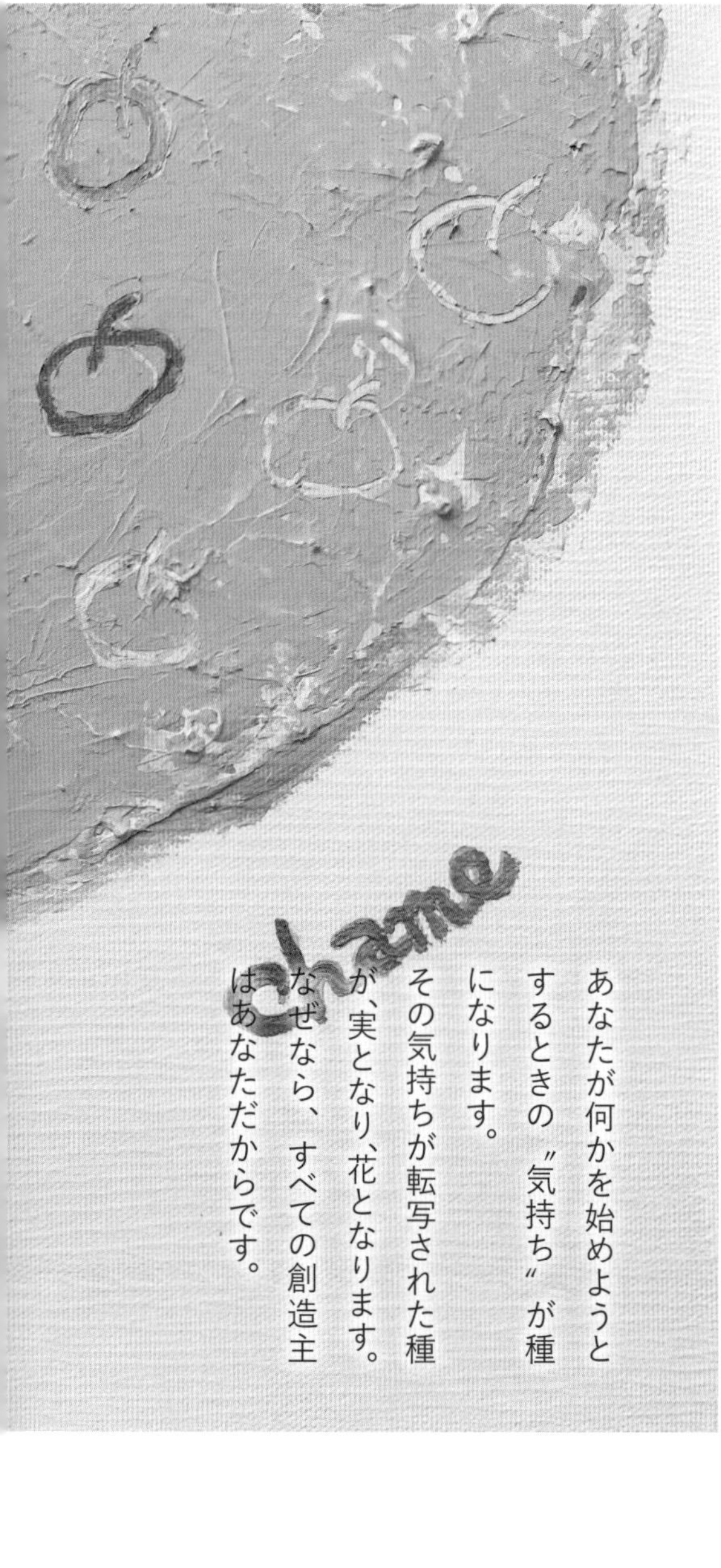

5
金の実がなる木

あなたが何かを始めようとするときの〝気持ち〟が種になります。

その気持ちが転写された種が、実となり、花となります。

なぜなら、すべての創造主はあなただからです。

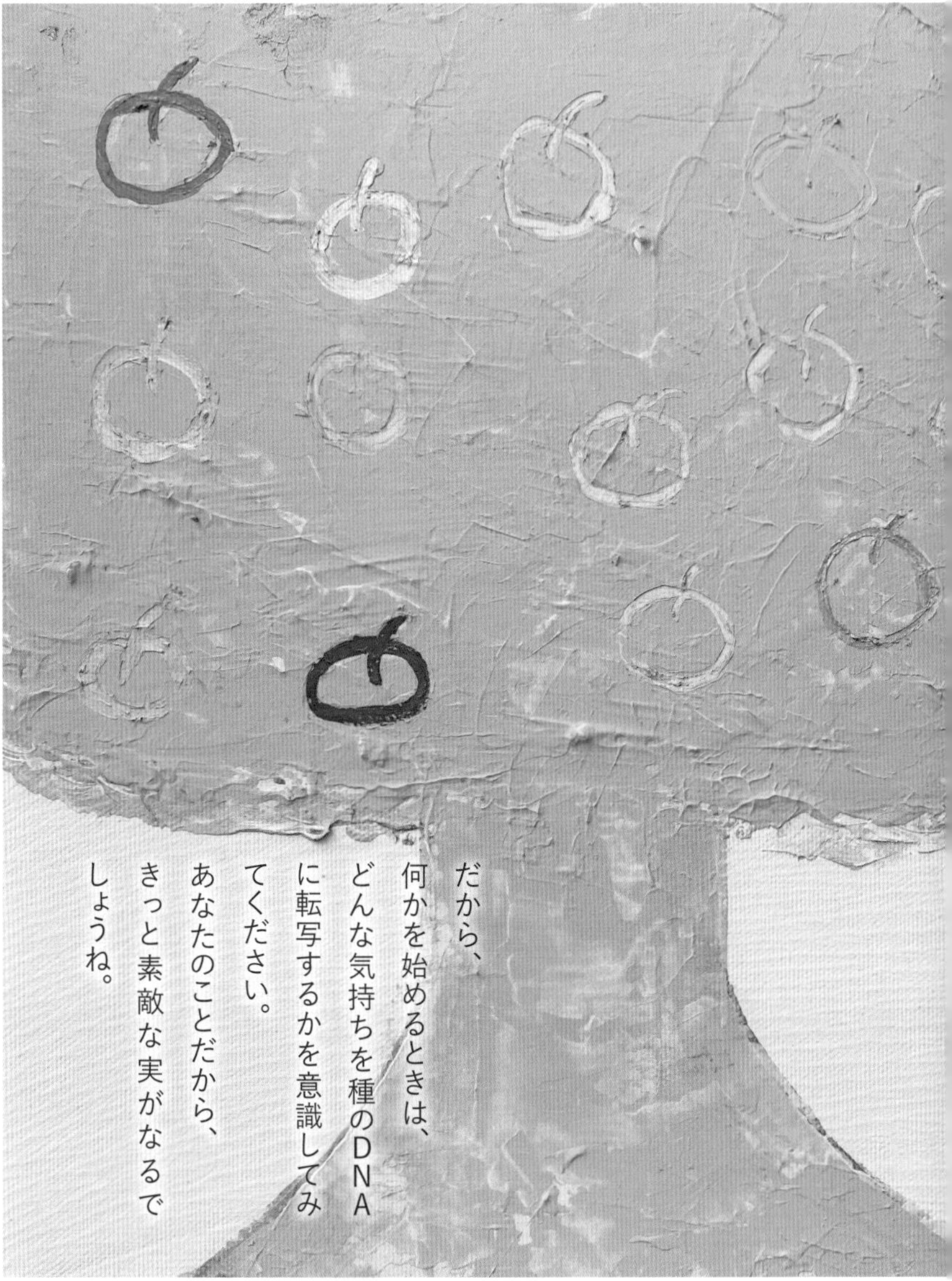

だから、
何かを始めるときは、
どんな気持ちを種のDNA
に転写するかを意識してみ
てください。
あなたのことだから、
きっと素敵な実がなるで
しょうね。

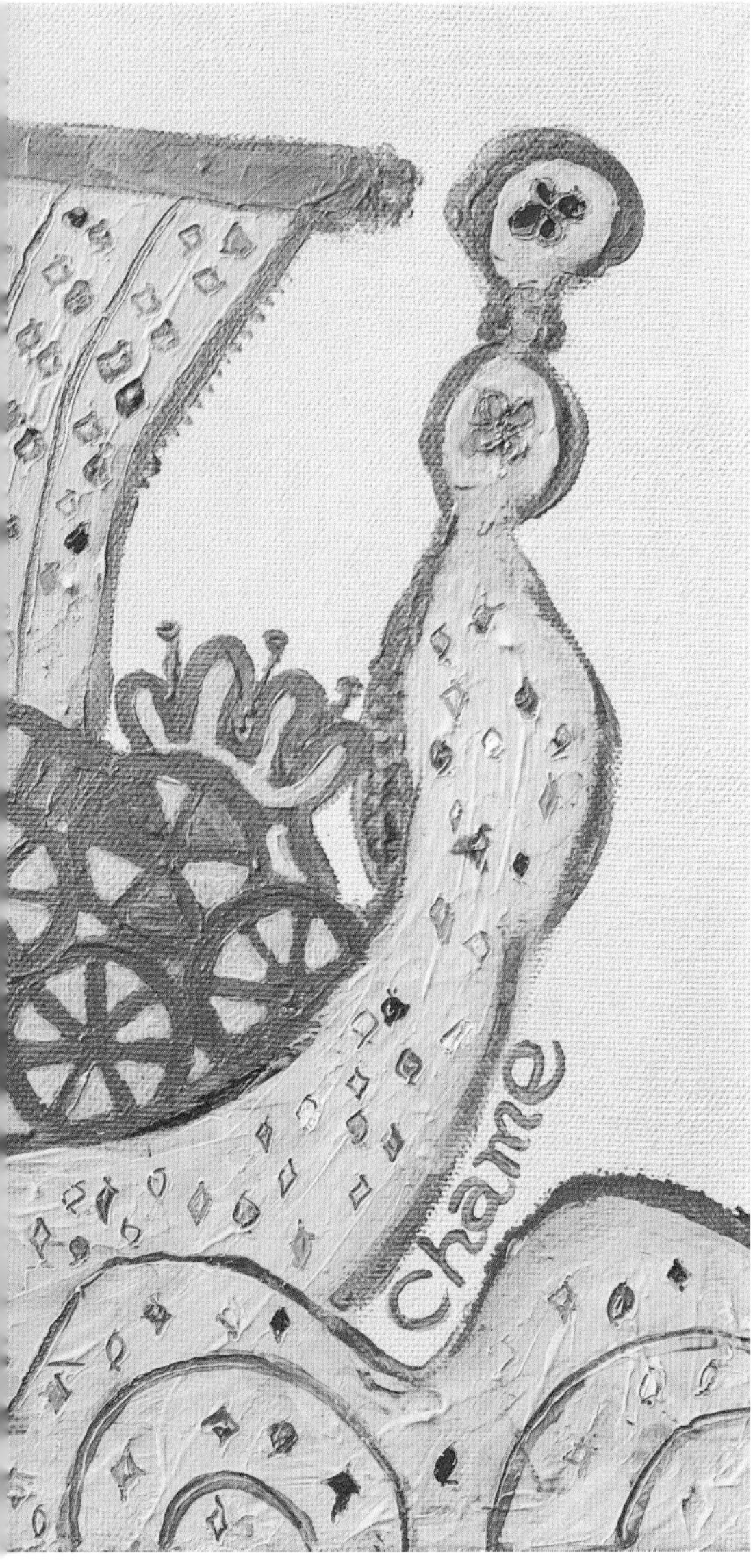

6

黄金の宝船

わたしはいつでも、
あなたのところに行く
準備ができています。

あなたがわたしを、
受け入れる許可をしてくれたときに、
面舵《おもかじ》いっぱいで向かいますね！

7 金の大黒天《だいこくてん》

わたしをイメージして

「おん・まかきゃら・そわか」

と7回唱《とな》えてください。

あなたに、黄金の打ち出の小槌《こづち》を振りましょう。
そして、わたしの打ち出の小槌から、
黄金に輝く金貨や金塊《きんかい》が出てくるイメージを
思う存分してみるといいですよ。
あなたに、いいことがたくさんやってきます。

chamo

8 ほっぺにエメラルドの弁財天《べんざいてん》

わたしをイメージして、

「おん・そらそばていえい・そわか」

と7回唱えてください。


そうすると、わたしの琵琶《びわ》が、金運上昇の演奏を始めます。


どんな音色かって⁉

あなたのイメージの音色でOKですよ♪


そうそう、わたしの左の頬《ほほ》にあるエメラルドを指でなぞってみてください。

あなたの眠っている才能を引き出します。

ついでに、あなたの恋愛運や結婚運も高めますよ。

chame

9 金の王冠をかぶった白へびさま

トイレをキレイにしておいてね。

トイレがキレイだったら、
わたしは、必ずあなたの家に遊びに行きます。

ちなみに、わたしがお邪魔すると、
その家の金運はぐんぐん上がっていくんだよ。

さらに、あなたの家が心地よければ、
仲間を連れて遊びに行きます。
もちろん、お土産を持ってね♡

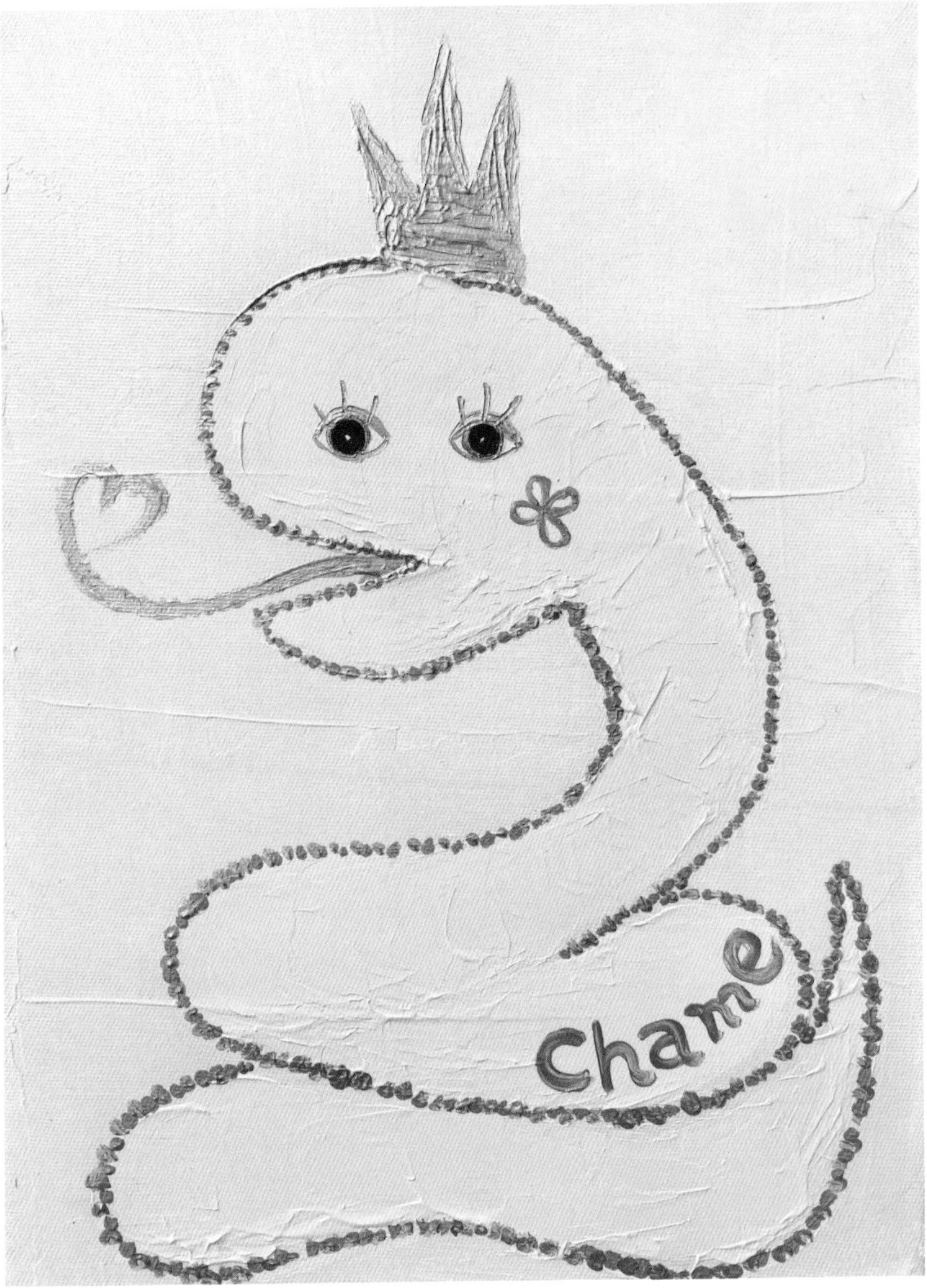
Chame

10 時空の麒麟《きりん》

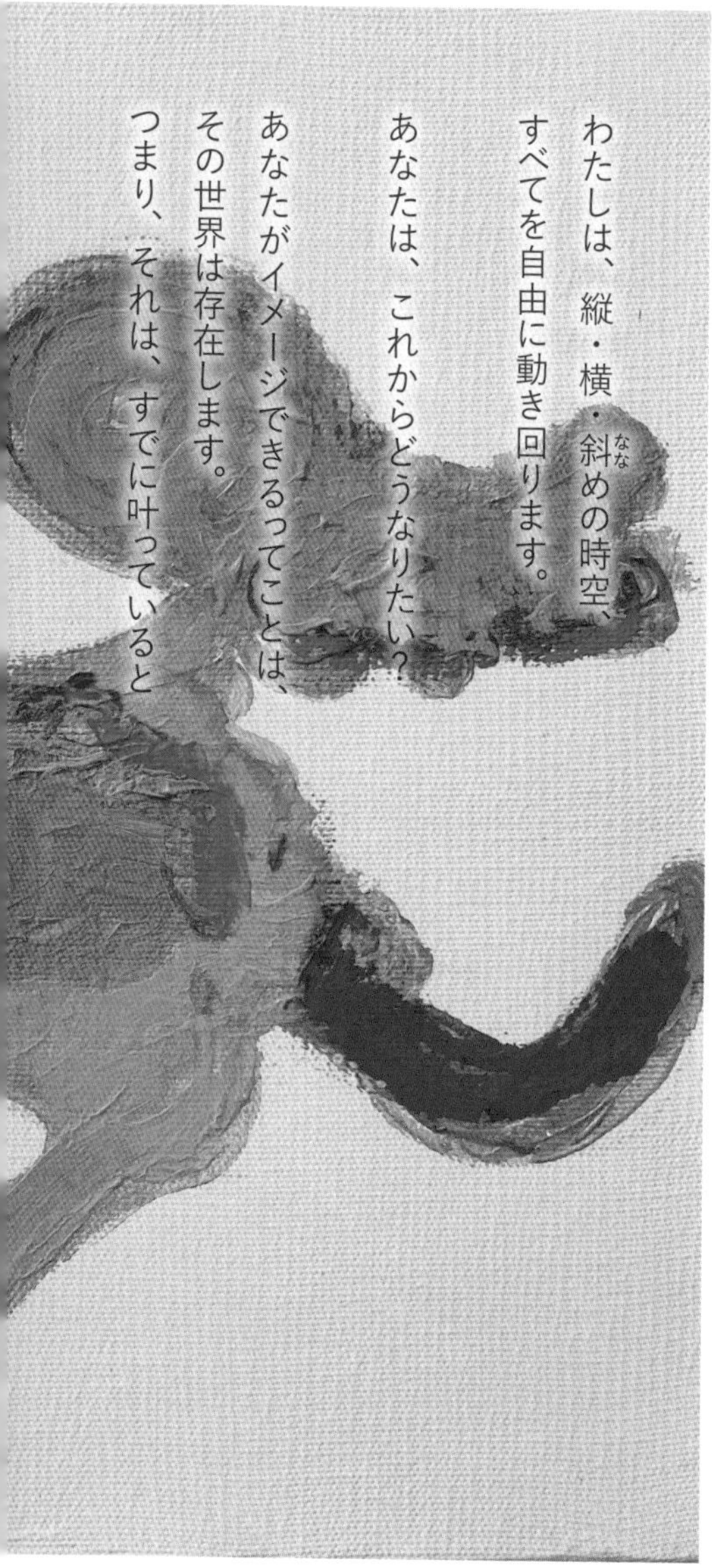

わたしは、縦・横・斜《なな》めの時空、
すべてを自由に動き回ります。

あなたは、これからどうなりたい？

あなたがイメージできるってことは、
その世界は存在します。
つまり、それは、すでに叶っていると

言ってもいいんです。

だから、なりたい世界は、
どんどんイメージをしてください。
そして、

麒麟さ～ん♡
とわたしを呼んでください。

わたしはその世界と、
あなたをつなげるお手伝いをします。

11 ペリドットの瞳《ひとみ》の白龍

わたしは、
あなたの心の奥のほうに住んでいます。

もしも、あなたが、
迷うことがあったら、
わたしを思い出して、
わたしに聞いてみてください。

あなたの本心をお伝えいたします。

そして、わたしの左目のペリドットを見つめてごらん。
あなたに、もれなく、勇気と自信を授けます。

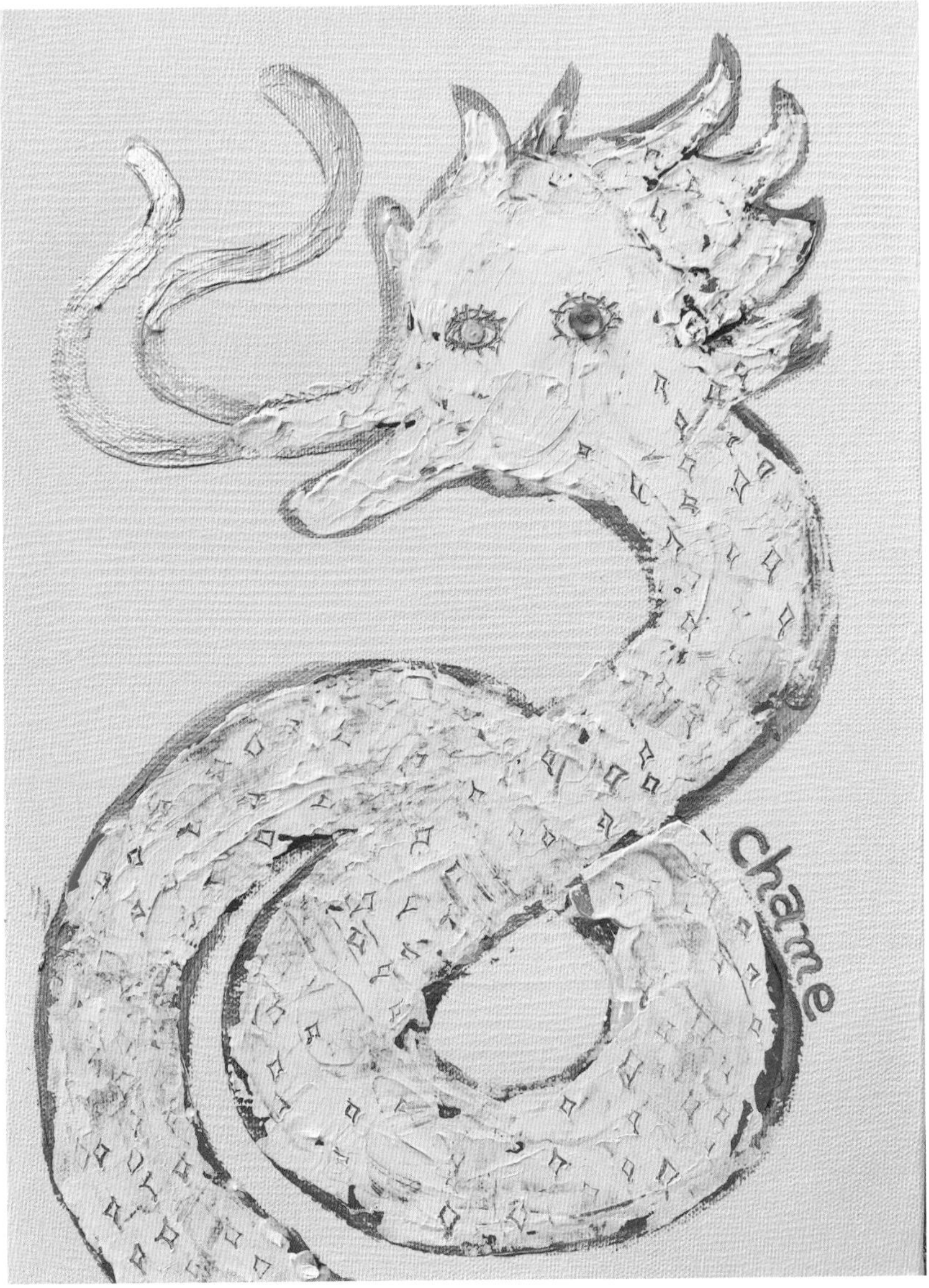
chame

12
宝石をまき散らす鳳凰《ほうおう》

わたしが通ると、
そこはキラキラになります。
宝石のよう波動が溢れるから
なんです。

あなたも、あなたが通る道を、
キラキラにしていってください。
それは、言葉であったり、
表情であったり、

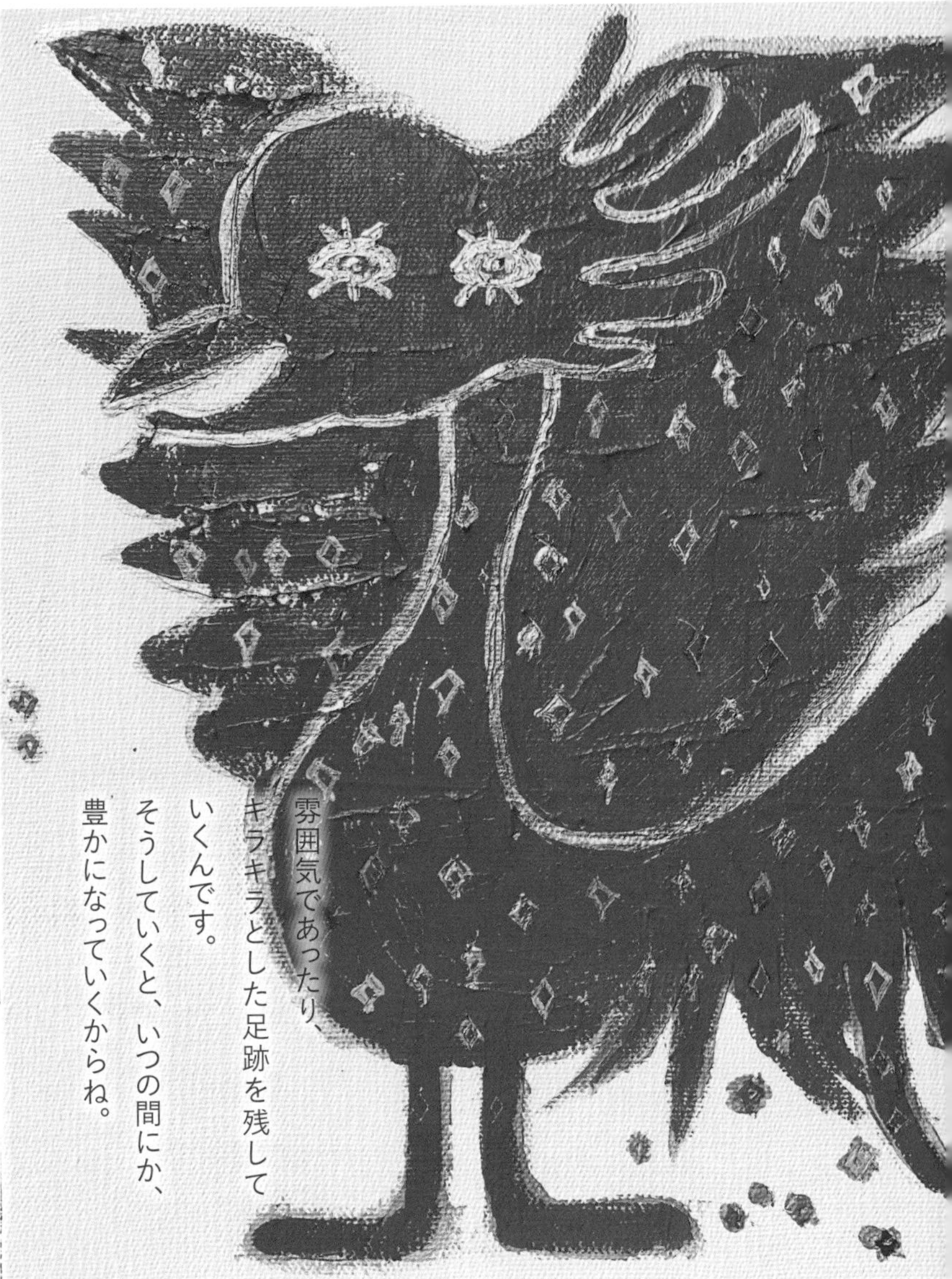

雰囲気であったり、キラキラとした足跡を残していくんです。
そうしていくと、いつの間にか、豊かになっていくからね。

13 いまを生きるおおぽち先生

わたしはいつも、
いちいち、いま心地よいことをしています。

だから、
いつも心地よい波動が出て、
波動は時間差で現実化するから、
いつも、いちいち、
心地よいことしか起きません。

あ～幸せで豊かで
健康だワン！

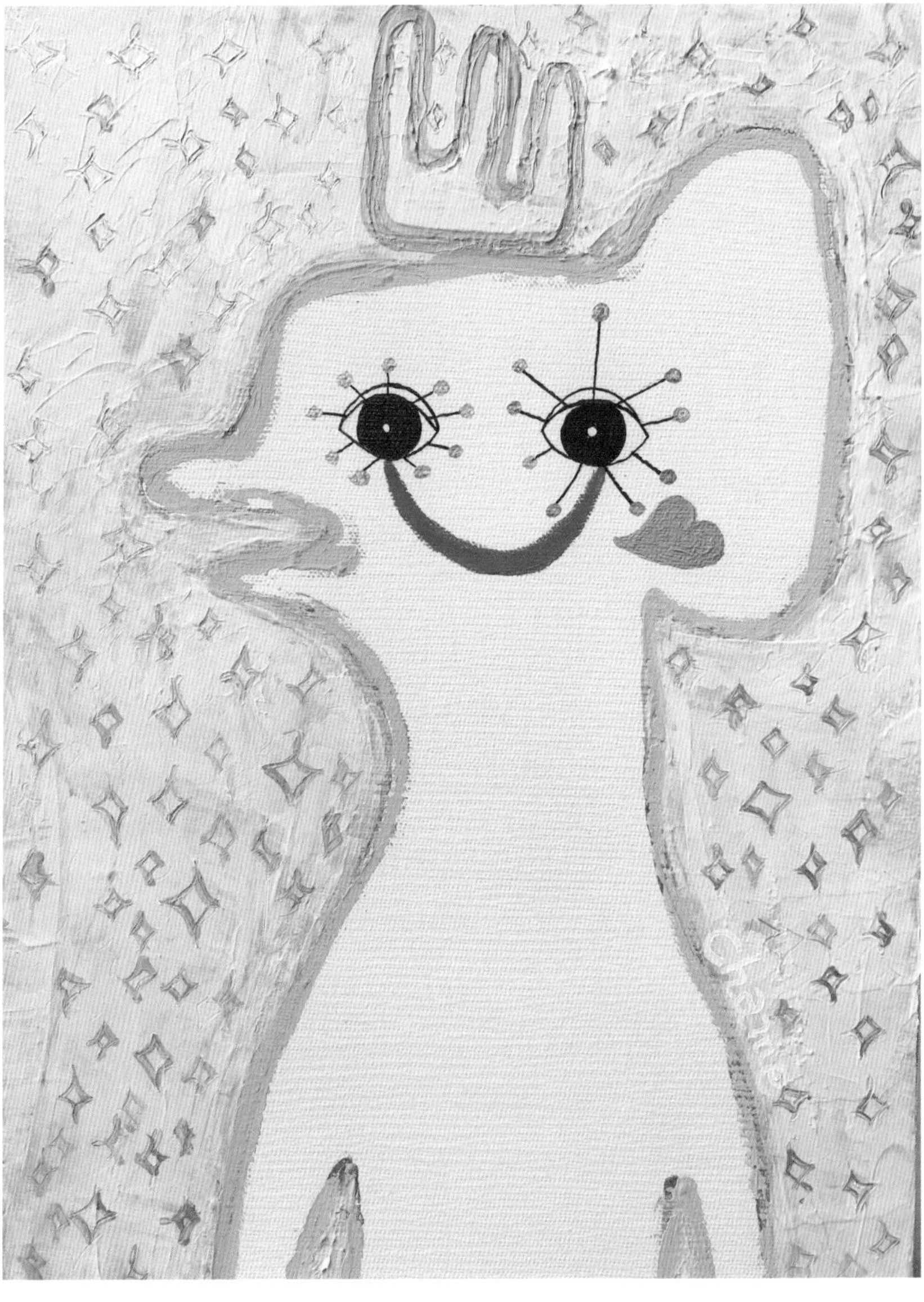

14 幸せのペリー伯爵《はくしゃく》

幸せはいつも、
わたしと共にあります。
だから、いつも、
わたしは歌っています。

幸せのマーチをね。

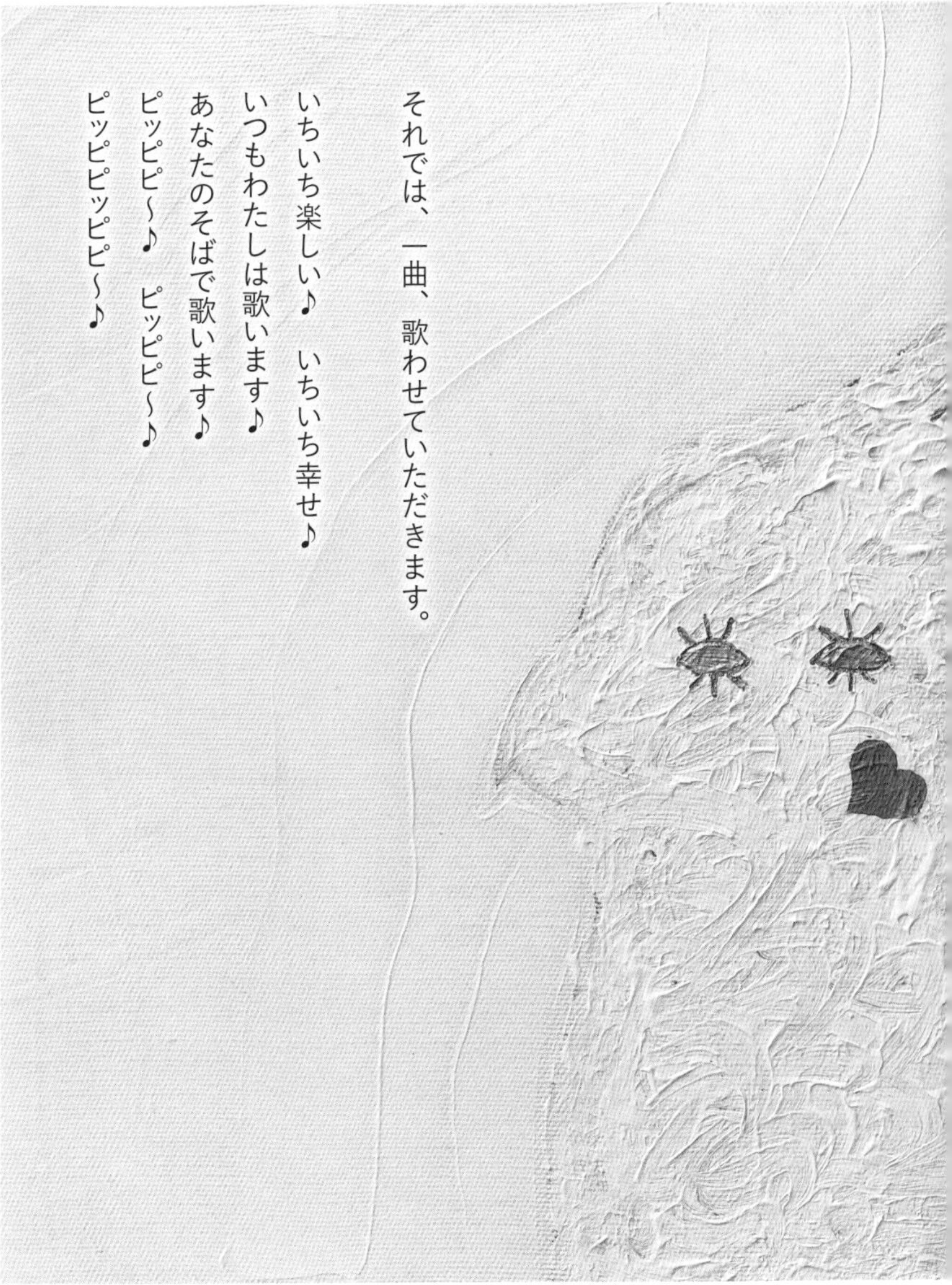

それでは、一曲、歌わせていただきます。

いちいち楽しい♪　いちいち幸せ♪
いつもわたしは歌います♪
あなたのそばで歌います♪
ピッピピ～♪　ピッピピ～♪
ピッピピッピピ～♪

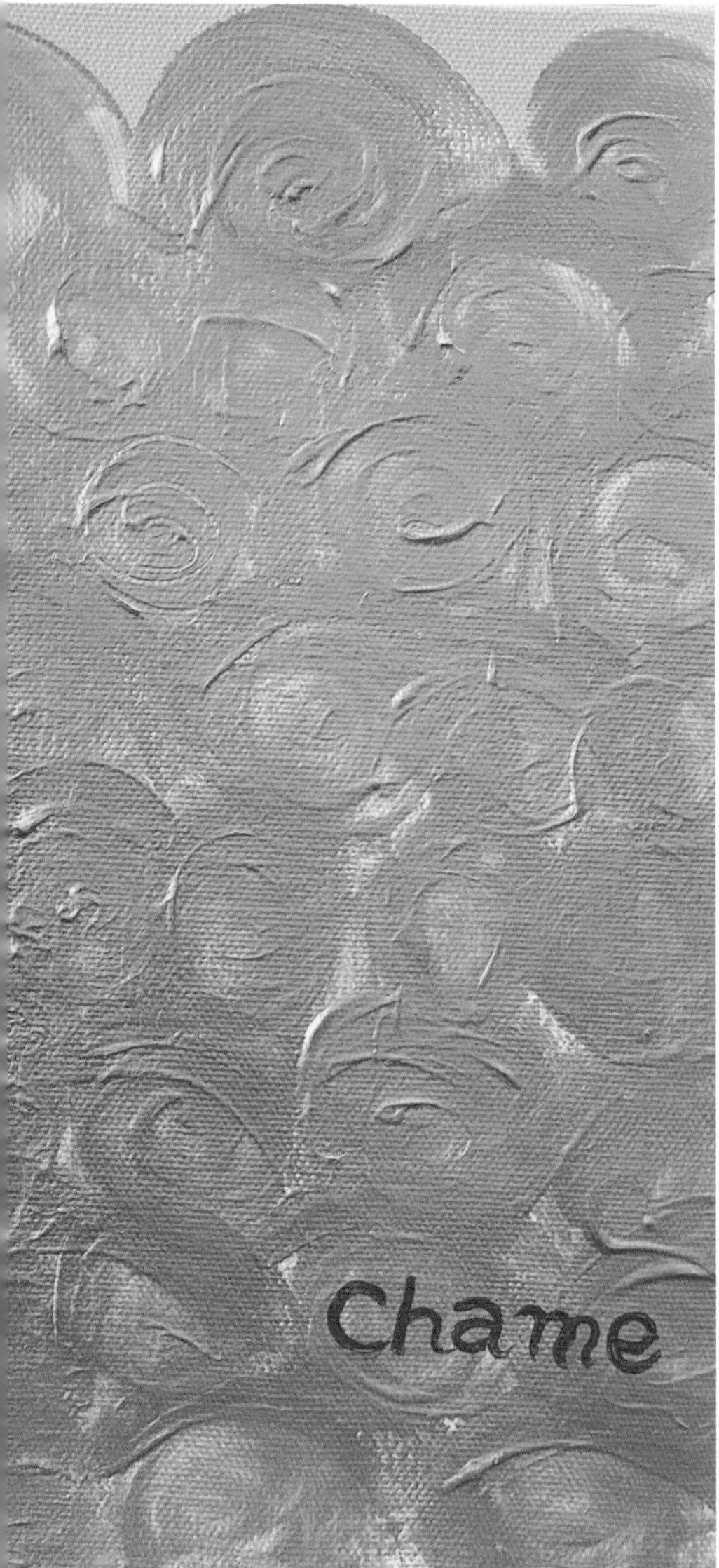

15 金の孔雀《くじゃく》

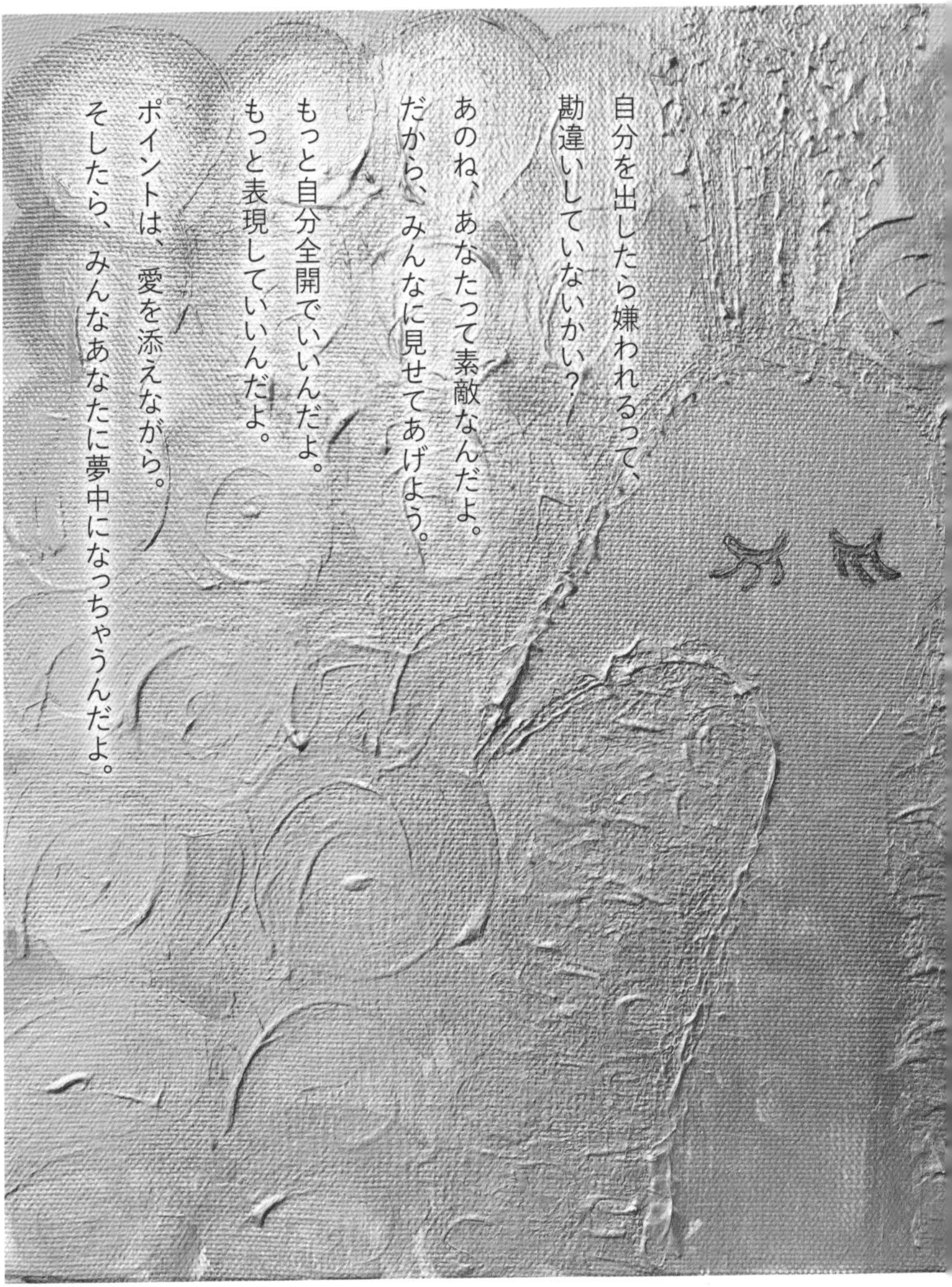

自分を出したら嫌われるって、
勘違いしていないかい？

あのね、あなたって素敵なんだよ。
だから、みんなに見せてあげよう。

もっと自分全開でいいんだよ。
もっと表現していいんだよ。

ポイントは、愛を添えながら。
そしたら、みんなあなたに夢中になっちゃうんだよ。

16 金のピンヒール

靴はキレイにしておきましょう。

そして、気に入った靴を履いてください。

そして、どんな世界を見たいかを、
わたしたち靴に、
話しかけてくださいね。

だって、あなたがたを
素敵な世界へ連れて行くことが、
わたしたちの幸せだから♡

Chame

17 黄色い世界の宮殿

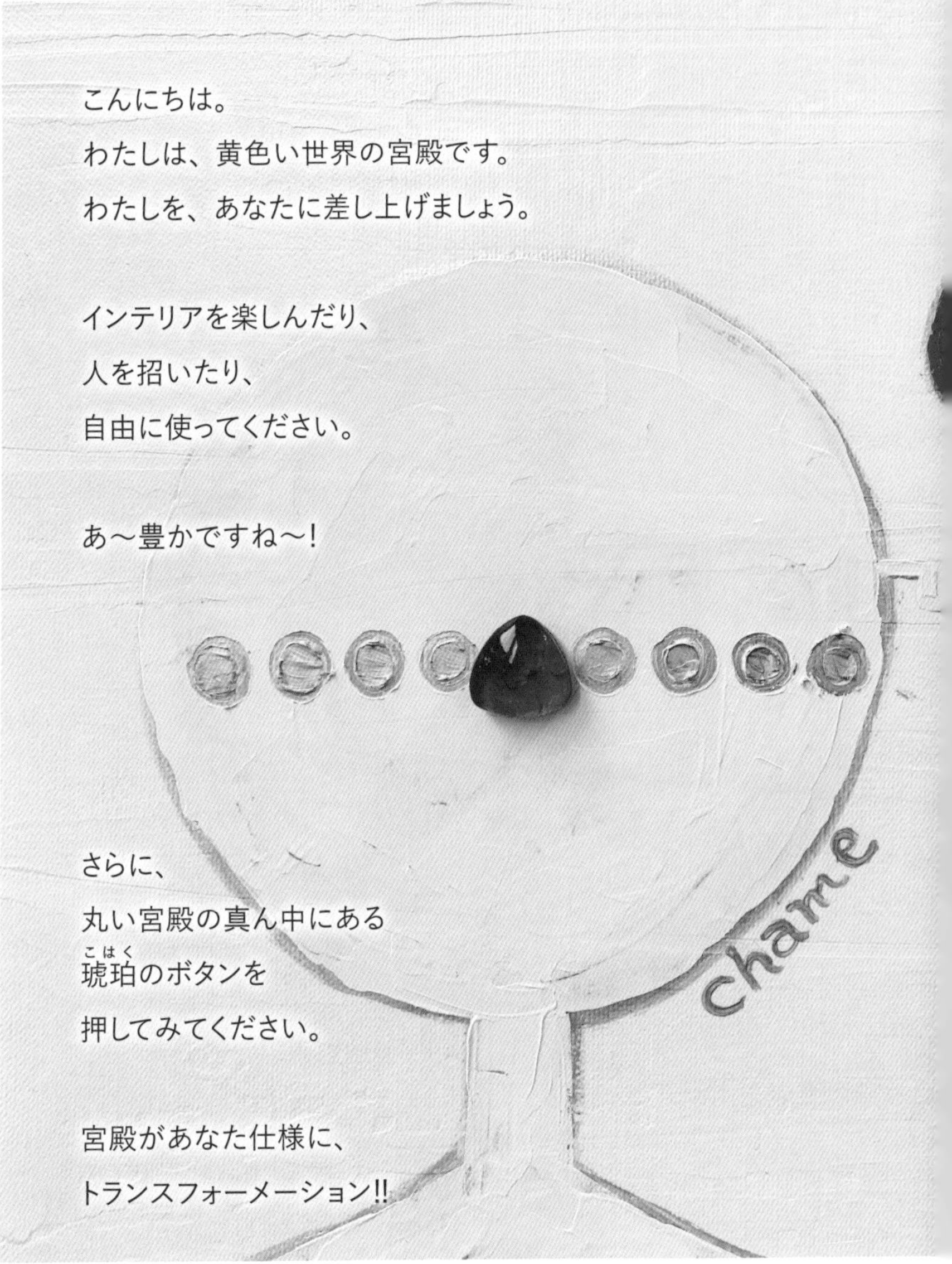

こんにちは。

わたしは、黄色い世界の宮殿です。

わたしを、あなたに差し上げましょう。

インテリアを楽しんだり、

人を招いたり、

自由に使ってください。

あ〜豊かですね〜!

さらに、

丸い宮殿の真ん中にある

琥珀《こはく》のボタンを

押してみてください。

宮殿があなた仕様に、

トランスフォーメーション!!

18 金の鯛《たい》を持った恵比寿天《えびすてん》

会う人、会う人に、
いつも相手の心がふわっと軽くなることをしていくと、
いつの間にか豊かになっていくからね。
めでたいね～！

目の前の人の素敵なところを見つけてごらん。
目の前の人の素敵なところを褒《ほ》めてごらん。
それを習慣にしてごらん。

そして、あなたが幸せだな～と感じているときに、
「おん・いんだらや・そわか」と、わたしの真言を7回唱えてみてね。
あなたは、豊かさと繁栄に、まっしぐらに向かっていくでしょう。

charme

19 空を自由に羽ばたく飛天《ひてん》

あなたは本来、自由自在なんです。
だれにもコントロールされなくっていいんです。
そして、深刻にならなくていいんです。

もっと、軽く、シンプルに、簡単でいいんです。
深刻になりそうになったら、
わたしを呼んでください。

飛天〜〜〜！

って、大きな声で。
觔斗雲《きんとうん》に乗って遊びに行きます。

chame

20 金の千手観音《せんじゅかんのん》

あなたができることって、
いっぱいあるんです。

そして、わたしみたいに、後ろに手がたくさんあるんです。
この手を使うと、
同時にいろいろできてスゴイことになっていきます。

どうしたら、使えるのかって？　それは簡単です。

目の前のことを真剣に楽しんでいけばいいんです。
大事だから、くり返しますね。
真剣に楽しむんです。

21 星の世界の観音菩薩《かんのんぼさつ》

わたしって、よく見つけられるんだけど、
なんでなのか知ってる？

それはね、やたら大きいから。
目立ってナンボだからね。

あなたも、もっと目立ってごらん。
あなたも、わたしも、スターですからね。

もっと派手に、もっと大きく、
あなた自身をアピールすることを
楽しんでください。

Chame

22 金の鯨《くじら》

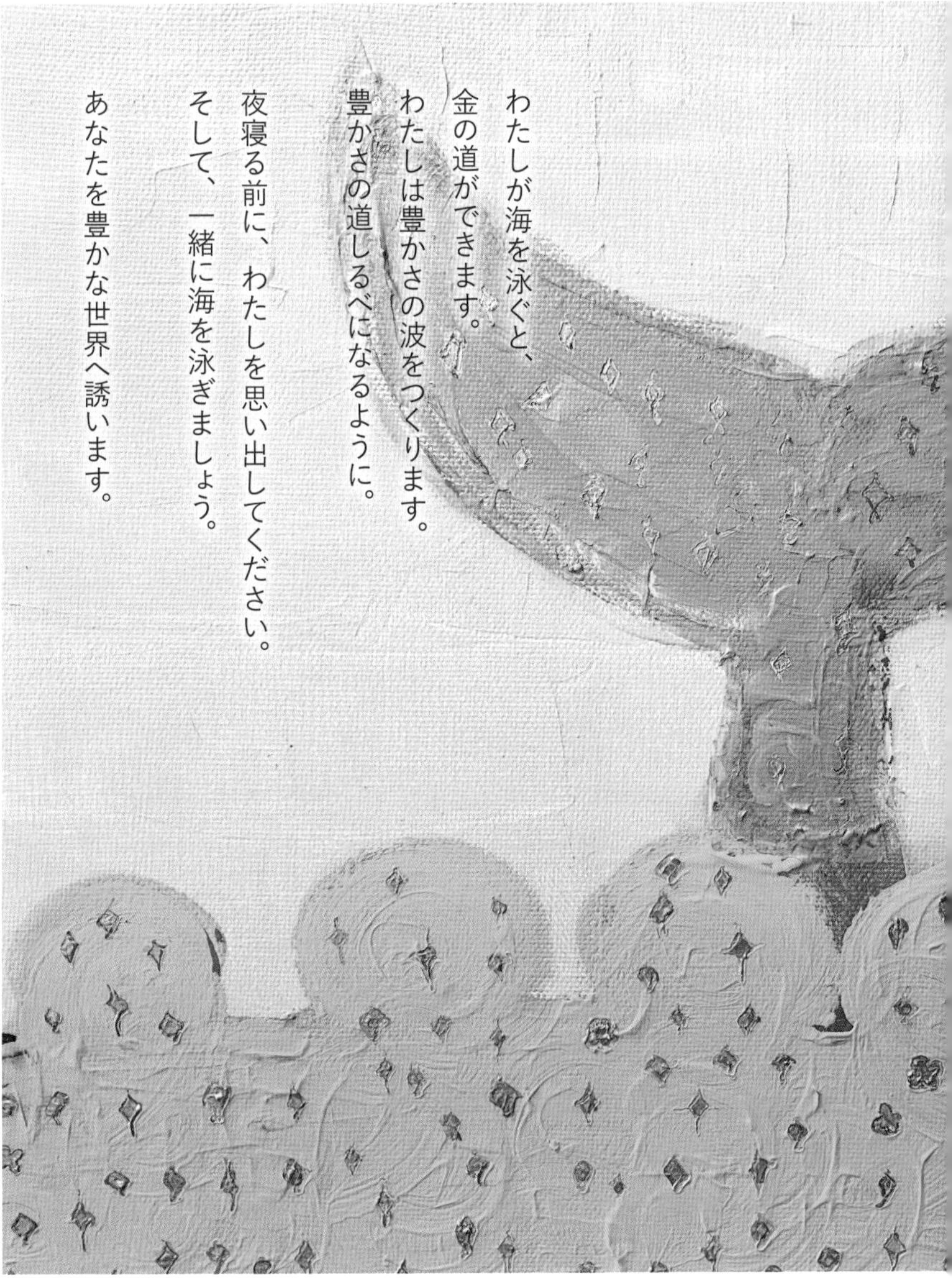

わたしが海を泳ぐと、
金の道ができます。
わたしは豊かさの波をつくります。
豊かさの道しるべになるように。

夜寝る前に、わたしを思い出してください。
そして、一緒に海を泳ぎましょう。

あなたを豊かな世界へ誘います。

23 最高な世界につながる金の鍵《かぎ》

わたしがあなたと出会うのは、
きっと、あなたが困難のときでしょう。
だって、困難のあとに、
次の扉が開かれるから。

この人生はゲームです。
だから、すべてのことを楽しんで、
攻略することを面白がってください。

そうしたら、わたしは、
直感やヒントという形で、
あなたの前に現れます。

Chame

24

素敵な未来を預言する唇《くちびる》たち

あなたは、ものすごく豊かです。
あなたは、とっても魅力的です。
あなたは、すごく人気者です。
あなたは、人にもお金にもモテモテです。

あなたは、とにかくかわいい。
あなたは、いちいち幸せです。
あなたは、健康でピチピチしています。

あなたは、すべてが自由自在。
あなたは、もはや宇宙。
あなたは、愛と光そのものです。

25 あなたの王冠

わたしは、あなたの王冠です。
あなたが、好きで好きでしょうがないんです。
あなたは、あなたが思っている以上に魅力的で素敵なんです。
それを、わたしはよ〜く知っています。

あ〜かぶってもらいたい♡
あなたにトキめいてもらえるように、最高の状態でスタンバイしていますね。

ちなみに、かぶり方は簡単です。
いつでもどこでも、わたしをイメージしてもらえばよいだけ。
あなたがわたしをかぶると、
あなたの魅力は、さらに爆発します。

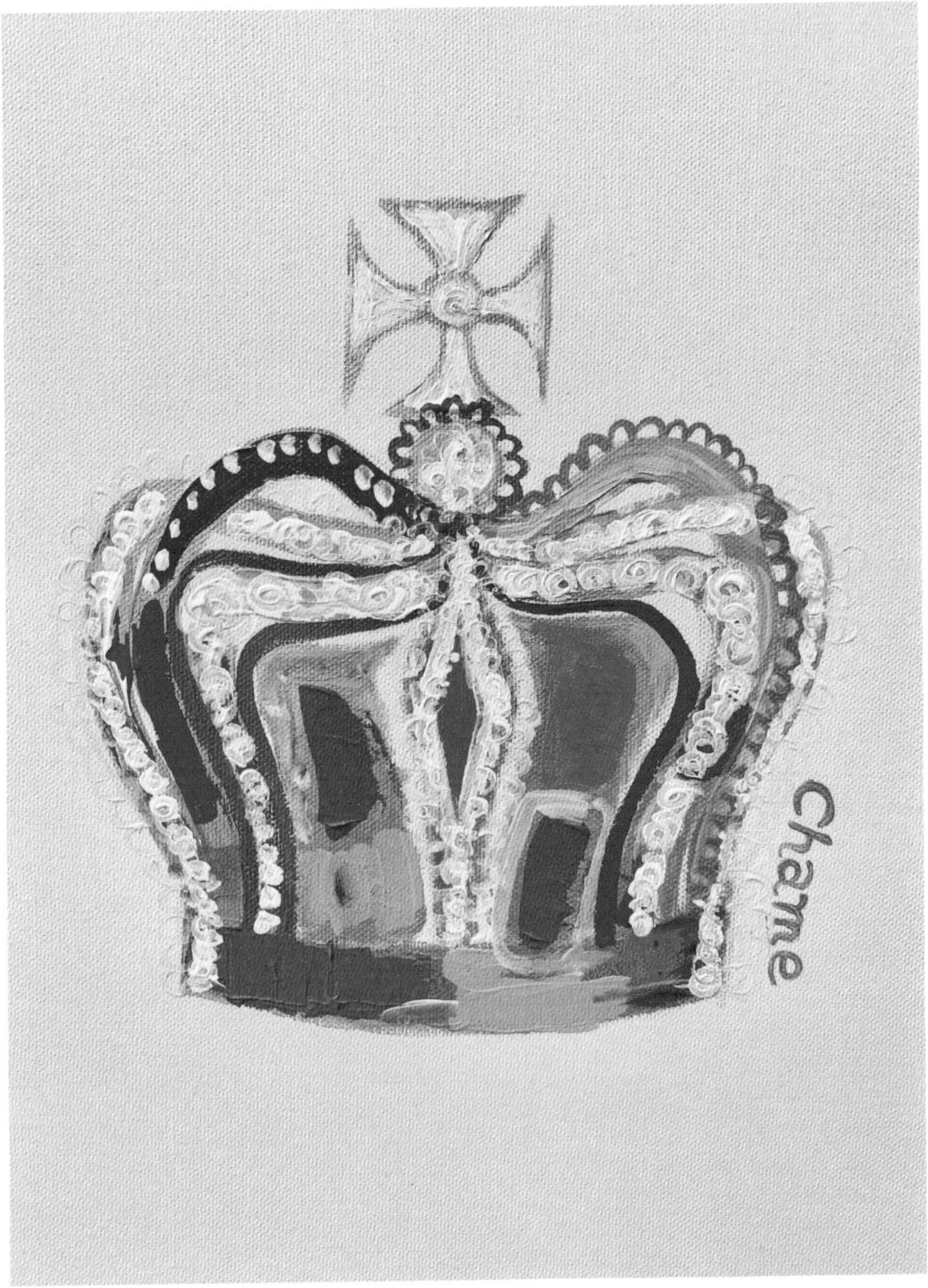
Chame

26 祈りを届ける十字架

どんどん祈ってください。

自分のことを祈ってもいいですし、
大切な人のことを祈ってもいいですし、
自然や世界、宇宙のことを
祈ってもいいでしょう。

祈りは、愛です。
祈りは、パワフルです。
そして、祈りは届きます。

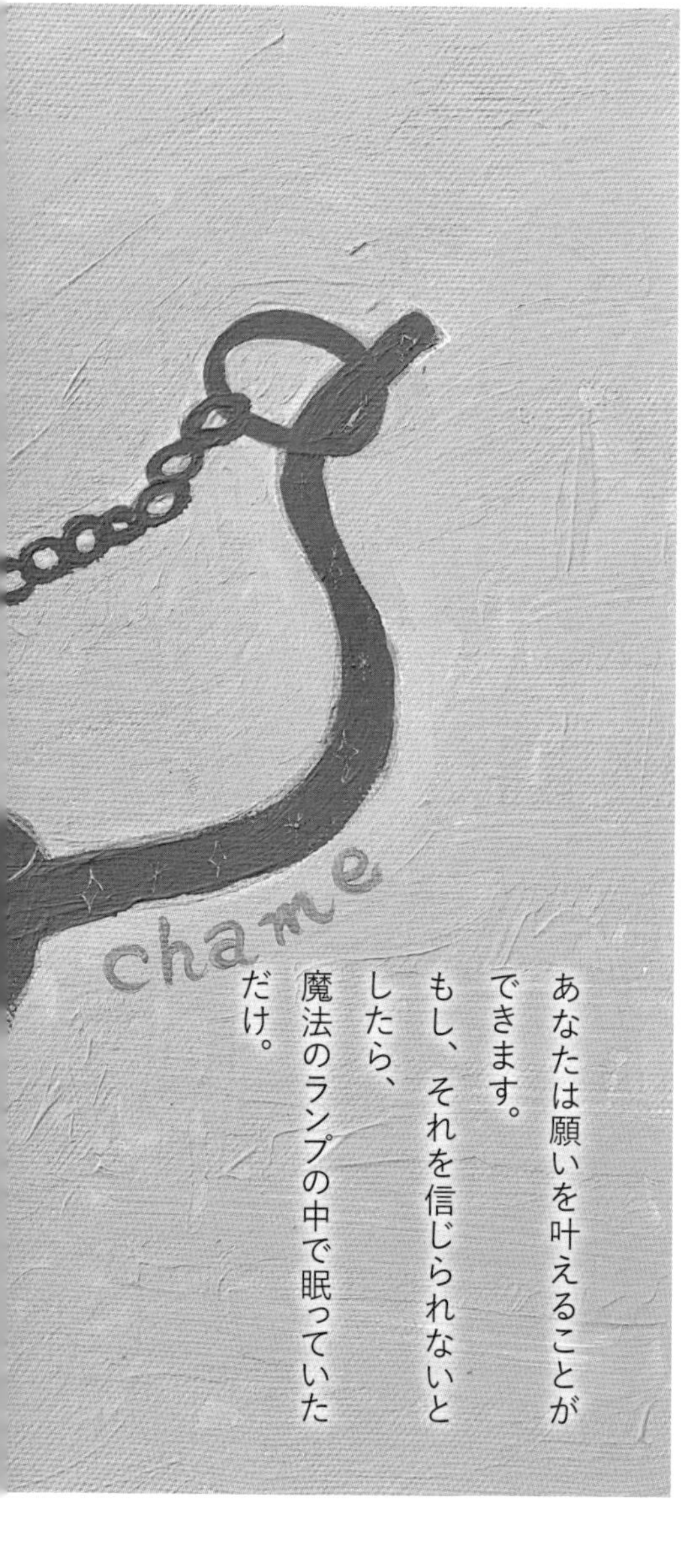

27 あなたの魔法のランプ

あなたは願いを叶えることが
できます。
もし、それを信じられないと
したら、
魔法のランプの中で眠っていた
だけ。

だから、わたしを手でこすり
ながら、こう言ってください。
「お～い、出てこい！」って。
そうしたら、あなたには、
願いを叶える、ナチュラルな
パワーが蘇《よみがえ》ってきますから。

あれっ!? 煙《けむり》の中に、何かが
見えませんか？

28 金のラクシュミー

わたしは、ヒンドゥー教の女神・ラクシュミー。
美と富と幸運を司《つかさど》っています。
ですので、それらをあなたにも、
存分にお裾分《すそわ》けしたいと思っています。

受け取り方法は簡単です。

声に出して、

「オーム　シュリーム　マハ　ラクシュミー　イェー　ナマハ」

とわたしのマントラを唱えてください。


あなたに、ありとあらゆる豊かさを与えていきましょう。

Chamè

29 金の大天使

わたしにどんどん頼んでいいですからね。

ちょっとしたことでも、
わたしを思い出して、
いろいろ頼んでください。

あなたの役に立つことってものすごく楽しいんです。
そしてお礼は、

「ありがとう」

で十分ですからね。

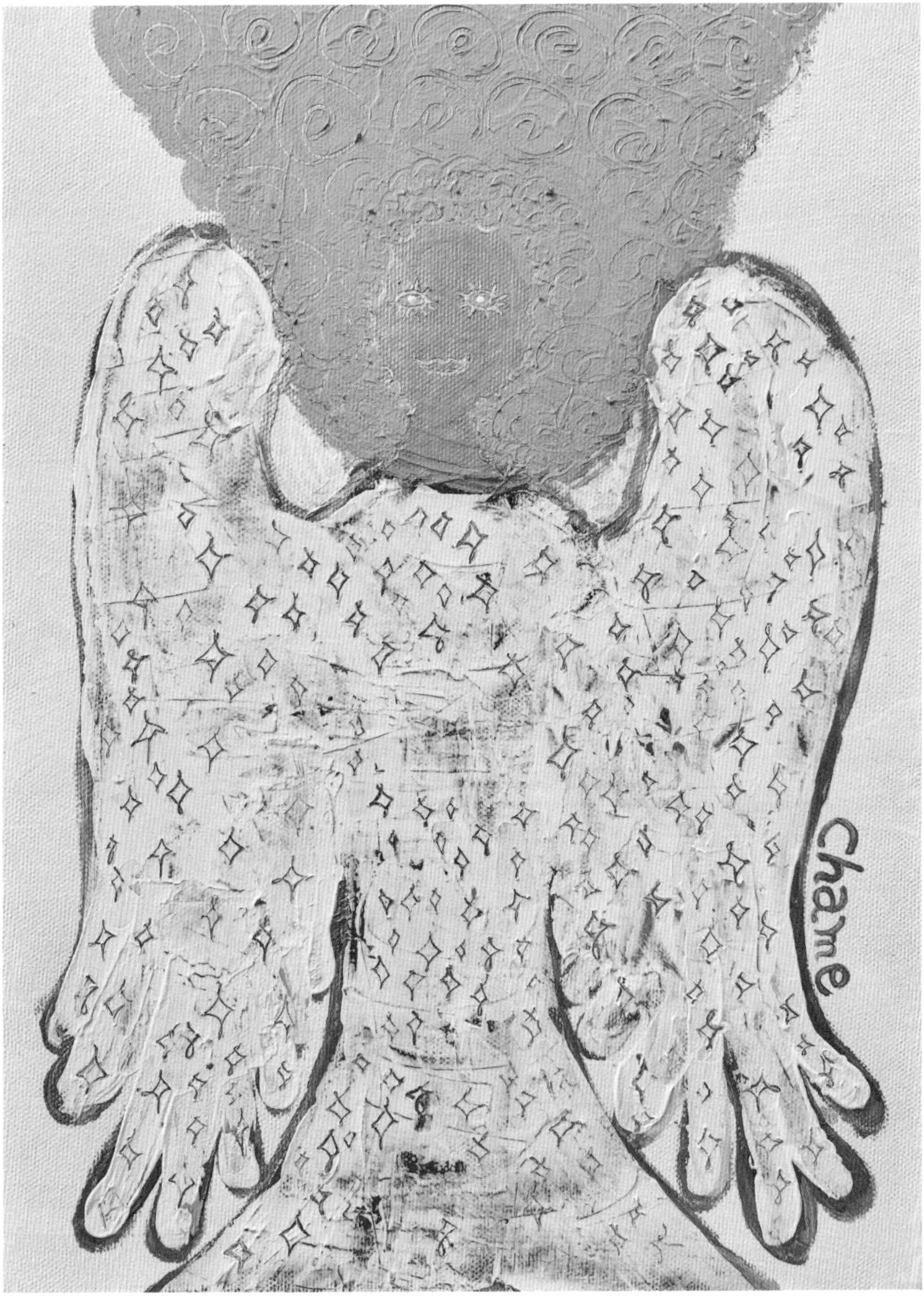
Chame

30 ルビーのガネーシャ

自分でお金を生み出し、そして回すことを楽しんでごらん。

商売ってとっても楽しいことなんです。

人を喜ばせ、そしてそれを見て、あなたも喜ぶ。
そしてまた素敵なことを提供し、人を喜ばせる。
この喜ばせるサイクルをつくり出せば、
ますます豊かになっていくからね。

ちなみに、わたしの第3の眼※のところにあるルビーを見つめながら、

「オーム　ガン　ガナパタイィェー　ナマハ」

と、わたしのマントラを唱えてごらん。

あなたに必要なヒトやモノを引き寄せるパワーが強烈になりますよ♡

※……眉間の真ん中あたり

Chamo

31 愛と光のアマテラス

あなたが明るくなってしまえば、
すべてが解決します。
だって、そこにあなたが存在するだけで、
暗闇がなくなり、
みんなに光や愛を与えることができるのですから。

そうすると、あなたのもとに、
みんなが集まってくるようになります。

そして、もれなく、
あなたは豊かになってしまうのです。

Charme

32 宇宙エネルギーを届ける宇宙神《うちゅうしん》

宇宙エネルギーとつながりたいときには、わたしを使ってください。
「宇宙神」と言ってから、
絵の中心にいる女の人を左手の人差し指で押します。
そうすると、あなたに、宇宙最強の電力が届きます。

もし、大切な人に宇宙エネルギーを送りたい場合は、
「宇宙神」と言ってから、
その人を思い浮かべて、
絵の中心にいる女の人を右手の人差し指で押します。
そうすると、大切な人に、宇宙最強の電力が届きます。

わたしはいつも、あなたの味方です。

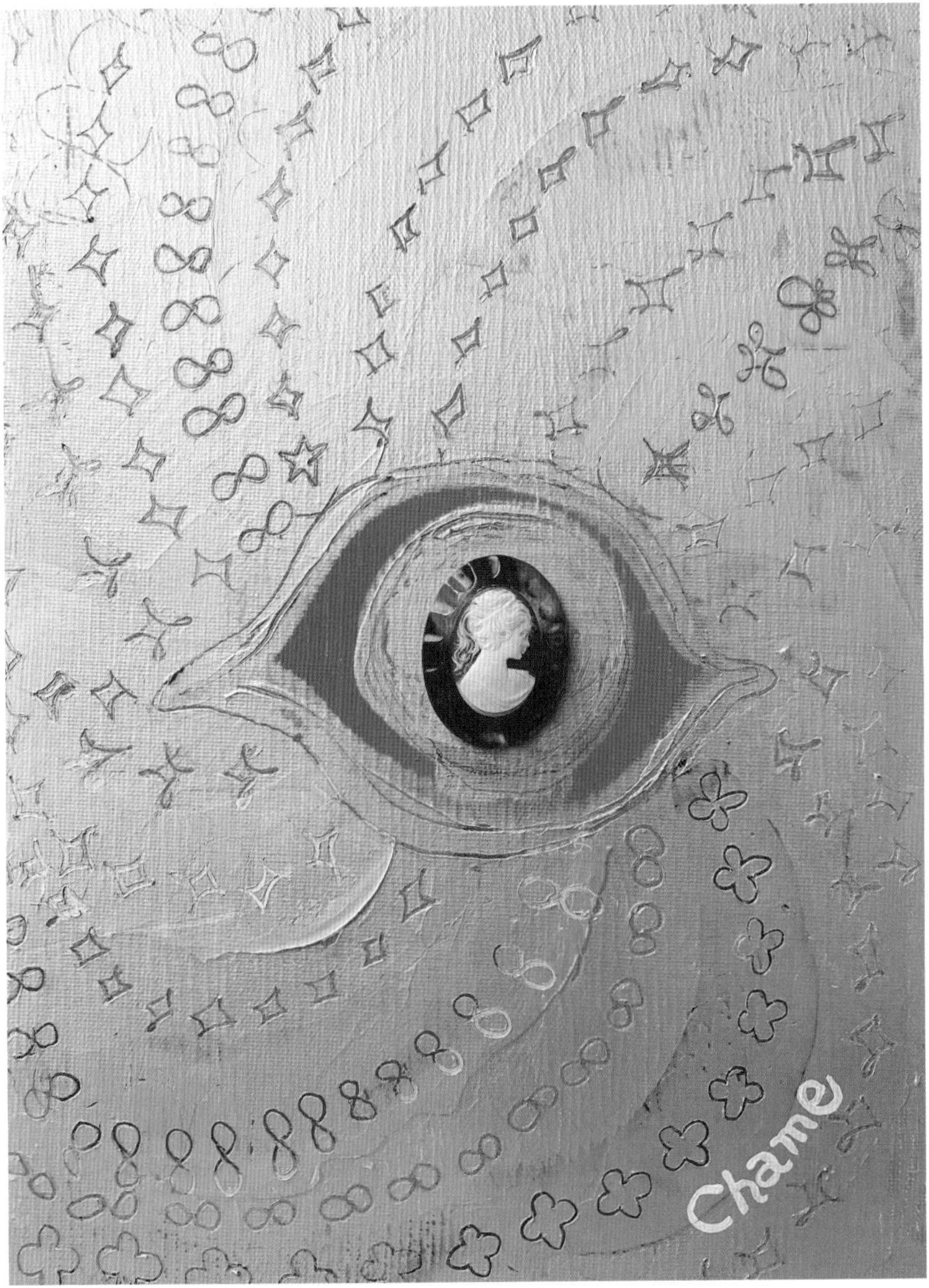
Chame

33 金のシャワー

金運上昇したいときは、深呼吸をして、
「金のシャワーON」と言い、
わたしをイメージしてください。

そうすると、あなたの真上の天窓が開きます。
その瞬間から、あなたに、
とめどなく、これでもかというくらいに、
金のシャワーが降り注がれ、
みるみるうちに金色になっていきます。
これを続けていくと、
さらに煌《きら》びやかでカラフルな色になっていきます。
この状態を、ひたすら堪能《たんのう》してください。

chame

おわりに

最後までお読みいただき、ありがとうございます。

金運爆上がりを題材に、33枚の絵をとても楽しく制作させていただきました。

私は、いつも絵を描くとき、これから、どんな絵が飛び出してくるかがわからないんです。

描いているうちに……、

ここは、もっとこう描いて！　とか、

ここは、このカラーにして！　とか、

ここに、この素材を貼り付けて！　とか、

手が感じ取って、絵になっていくんです。

魔法のランプの絵では、煙の中に、知らず知らずのうちに、女の人が現れました。

これは、描き終わってしばらくして発見したんです。

あとですね、
今回は、金運が爆発的に向上することをイメージしていった結果、初めて絵に本物の宝石を入れるという方法に辿り着きました。すると、絵たちが、一段と輝き出したのです！
ルビー、エメラルド、ペリドット、そして、琥珀《こはく》！

さて。本書では、あなたが、そのときどきで、いちばん気になる絵が、あなたへの金運上昇のメッセージになっています。
もちろん、メッセージを読まずに、あなたが絵に話しかけて、そこから降りてくる言葉やイメージを、そのまま受け取っていただいてもいいでしょう。

それでは、最後にひと言！

あなたのお金は、これからますます増えすぎちゃうでしょう！
コップンカー！ ขอบคุณค่ะ ※タイ語で「ありがとう」の意味

この絵画たちを生み出してくれた、筆やペインティングナイフたち。

キャメレオン竹田

《金運爆上げ曼荼羅《まんだら》塗り絵》

金運をはじめ、仕事運、恋愛運、結婚運、人間関係運などが、塗るだけで爆上げされちゃう曼荼羅塗り絵の下絵を描きました。 塗るだけでもよし、お部屋に飾るのでもよし、手帳に挟むなどして持ち歩くのもよし、携帯の待ち受け画面にするのでもよし。
また、あなたがピンときた色や好きな色で塗ってください。グッとくる色を使うことがいちばん大事！　あとは楽しい気持ちで塗りましょう。

参考までに、色についてご説明します。色にはパワーがあって、それぞれの運を高めてくれます。

ゴールド：金運、仕事
シルバー：カリスマ性、芸術
ピンク：恋愛、結婚、美
ブルー：知性、神秘、冷静
ライトブルー（水色）：コミュニケーション、表現、自由
グリーン：健康、癒し、平和
イエロー：個性、面白さ、クリエイト
レッド：元気、活力、リーダー
オレンジ：明るさ、楽しさ、自信
パープル：神聖さ、スピリチュアリティ
ブラウン：育てる、安定、継続
ホワイト：浄化、許し、解放
ブラック：守護、土台を固める

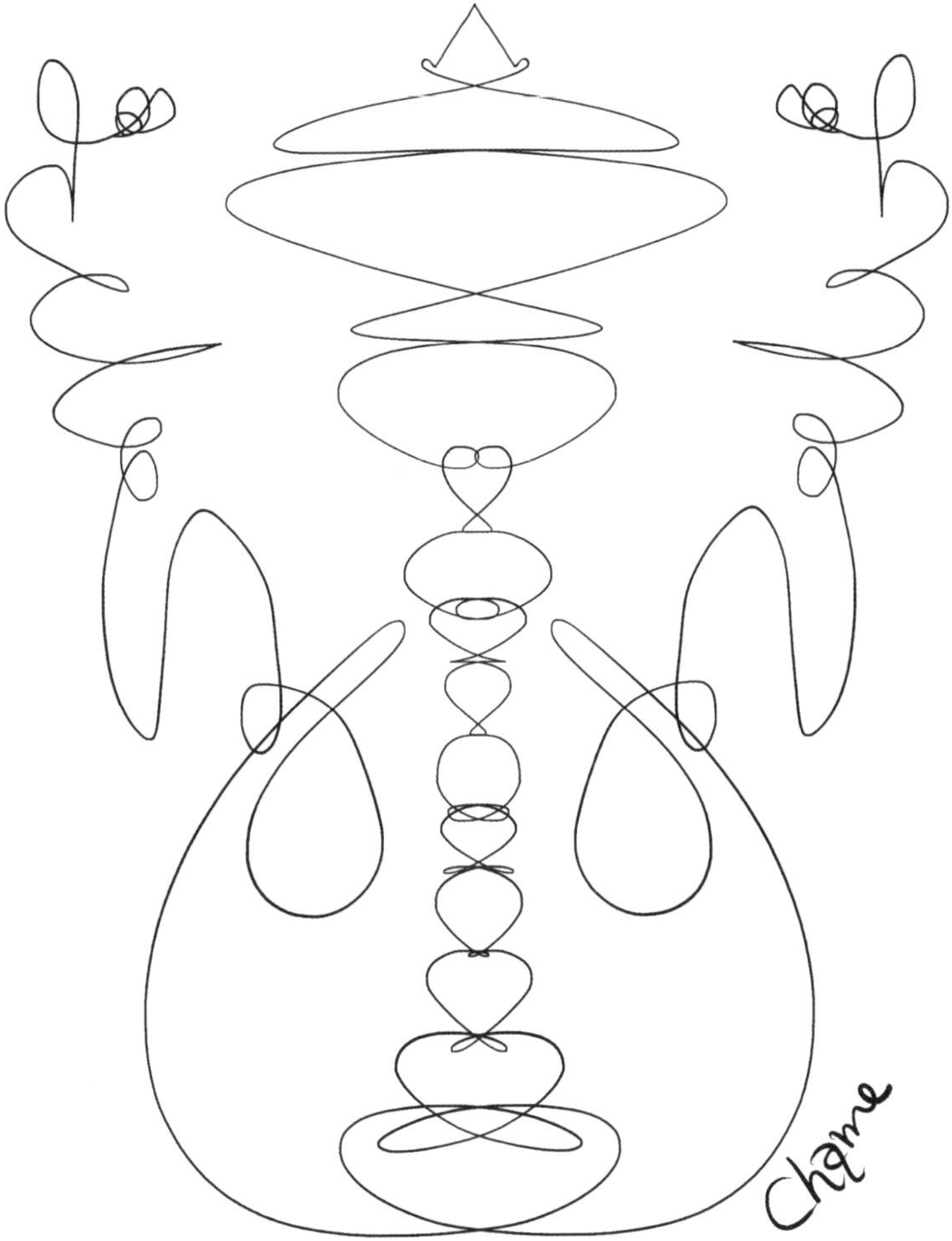
Chame

chame

キャメレオン竹田（きゃめれおん・たけだ）

作家、旅人、波動セラピスト、占星術研究家、画家、デザイナー。株式会社トウメイ人間製作所 代表取締役。

「自分の波動を整えて、開運していくコツ」を日々、研究し、国内外のパワースポット・聖地を巡って、受信したメッセージを伝えることがライフワーク。

会員制オンラインサロン「神さまサロン」や「タロット占い師になる学校」を主宰。ANA 公式サイト「ANA Travel&Life」や週刊女性セブン、女性誌 JELLY、ワン・パブリッシング「FYTTE Web」などで占い連載多数。Twitter や Instagram、YouTube（キャメチューブ）では、波動がよくなるメッセージや動画を発信中。

著書 80 冊以上。『神さまとつながる方法』（日本文芸社）、『神さまとの直通電話』『神さまの家庭訪問』『神さまからの急速充電』『神さまとお金とわたし』（以上、三笠書房《王様文庫》）、『人生を自由自在に楽しむ本』（大和書房《だいわ文庫》）など多数。

絵・イラスト・写真（本文）　キャメレオン竹田
写真（カバー）　YOKO MIYAZAKI
デザイン・DTP　川畑サユリ
編集　鈴木啓子

お金《かね》が増《ふ》えすぎちゃう本《ほん》

2020 年 12 月 1 日　第 1 刷発行
2021 年 10 月 1 日　第 4 刷発行

著　者　キャメレオン竹田《たけだ》

発行者　吉田芳史

印刷所　株式会社廣済堂

製本所　株式会社廣済堂

発行所　株式会社日本文芸社
〒 135-0001 東京都江東区毛利 2-10-18 OCM ビル
TEL.03-5638-1660（代表）
URL　https://www.nihonbungeisha.co.jp/

Printed in Japan 112201120-112210915 Ⓝ 04（310060）

ISBN978-4-537-21851-0

内容に関するお問い合わせは、
小社ウェブサイトお問い合わせフォームまでお願いいたします。
ウェブサイト　https://www.nihonbungeisha.co.jp/